Wolf D. Hartmann, Walter Stock, Run Wang

# CORONA-PANDEMIE
## Krisenmanagement
## zwischen Kontrollverlust und
## Innovationsmangel

Wolf D. Hartmann, Walter Stock, Run Wang

# CORONA-PANDEMIE. Krisenmanagement zwischen Kontrollverlust und Innovationsmangel

Deutsche Nationalbibliothek – Bibliographische Information
Die Deutsche Nationalbibliothek verzeichnet diese Publikation in der Deutschen Nationalbibliographie; detaillierte bibliographische Daten sind im Internet über http://d-nb.de abrufbar.

CIP-Einheitsaufnahme:
Hartmann, Wolf, Walter Stock und Run Wan: Corona-Pandemie. Krisenmanagement zwischen Kontrollverlust und Innovationsmangel.

©2021

Herstellung und Verlag: BoD - Books on Demand, Norderstedt. 2020.

ISBN: 9783752690644

Gesamtproduktion: Printed in Germany
Auflage: Dezember 2021.

# Inhalt

## Vorwort

Die Angst geht um in Europa. Die Viruskrise Covid-19 hat sich seit Sommer 2020 wieder dramatisch verschärft. Viele warnten schon lange vor einer zweiten Corona-Welle, die ab Herbst 2020 tatsächlich wieder eingetreten und zeitweilig in ein exponentielles Wachstum umgeschlagen ist. Das heißt, 2 Infizierte stecken erst 4, die dann 8, diese 16, die 32, dann 64 und diese 128 an und so weiter. Die Verdopplung der Corona-Infizierten nimmt dadurch rasch unfassbare Größenordnungen an.

Die düstere Prognose der Kanzlerin von 19.000 Neuinfektionen pro Tag zu Weihnachten stellte sich schon viel früher als realistisch heraus. Das Virus hat sich tief in der Fläche des Landes ausgebreitet.

Von regional isolierten Hotspots konnte ab Herbst 2020 schon nicht mehr gesprochen werden. Die Gesundheitsämter haben weitgehend die Kontrolle über die Ausbreitung verloren. Schon am 28.10.2020 musste die Corona-Runde von Kanzlerin und Ministerpräsidenten eine erste Notbremse ziehen.

Es wurde ein zweiter Lockdown verordnet, ein halbes Jahr nach der ersten Stilllegung des Landes, wenn auch vorerst nur in einer „Light"- Version und für vier Wochen. Aber auch das war schnell zur Makulatur geworden, als am 25.11.2020 eine prinzipielle Verlängerung der Maßnahmen über Weihnachten und Neujahr veranlasst werden musste.

Das immer wieder von der Politik vorgetragene Selbstlob über das bessere Corona-Management Deutschlands im Vergleich zu den meisten anderen Ländern steht vor diesem Hintergrund doch auf sehr wackligen Füßen. In unserem ersten Buch „Corona Krisenmanagement-Globale Erfahrungen des Pandemiemanagements mit Bestpraktiken" haben wir begonnen, das aufzuzeigen und setzen es hier fort.
Es ist erstaunlich, dass es bei uns offiziell keine komparativen Studien zum internationalen Corona-Management gibt. Die Hinweise auf andere Länder konzentrieren sich meistens auf dortige Fallzahlen oder das Betonen noch strengerer Maßnahmen.
Die Bitten und Ermahnungen an alle, sich pandemiebewusst zu verhalten, sind seit Monaten gebetsmühlenartig wiederholt worden.
Ermüdungserscheinungen einerseits und steigende Aggressivität andererseits haben um sich gegriffen, von sich im Aufwind wähnenden Corona-Leugnern und Verschwörungsanhängern ganz zu schweigen.
Sollte da nicht eine angemessene Managementkritik dieser Art der Pandemiebekämpfung schon längst gemacht worden sein?
Es ist Zeit, nach der Angemessenheit und Wirksamkeit der Maßnahmen zu fragen und welchen Sinn das ständige Angstverbreiten macht.
Es ist auch nicht zu übersehen, dass sich mit dem Virus eine ganz neue Sprache mit eigenem Vokabular herausgebildet hat, die jeder kennen und verstehen sollte.

Die kurzen abschließenden Begriffserläuterungen
des Glossars aus dem ersten Buch wurden deshalb
aktualisiert und erweitert.


Die Autoren
Berlin und Wuhan, im Januar 2021

## Zweite Welle – es kam wie es kommen musste

Man könnte von einer sich selbst erfüllenden Prophezeiung sprechen. Mit dem Übergang der seit Ende des Sommers 2020 wieder ansteigenden COVID-19-Neuinfektionen in Deutschland in eine sogenannte zweite Welle im Oktober ist ein immer wieder beschworenes Szenario tatsächlich eingetreten. Hatte sich die erste Welle vor allem im Süden Deutschlands ausgebreitet, so brach die zweite Welle nahezu flächendeckend überall in Deutschland gleichzeitig aus. Seit dem Beginn der ersten Welle Mitte März 2020 ist innerhalb von etwa 42 Wochen fast ganz Deutschland bis Ende Oktober/Anfang November zum Risikogebiet geworden. Dass sich Deutschland hier in Gesellschaft vieler anderer Länder insbesondere in Europa befindet, ist kein Trost.

Zwar korrespondierten zu diesem Zeitpunkt die stark gestiegenen Fallzahlen noch nicht mit der Zahl der Todesfälle, wie in der ersten Welle im Frühjahr 2020, aber die exponentielle Fallzahlenentwicklung musste als Indikator dafür gelten, dass die Eindämmung der Covid-19-Pandemie prinzipiell gefährdet sein würde. Denn bei einer solchen Entwicklung wird eine Kontrolle der Ausbreitung von Infektionen nachhaltig erschwert bzw. sogar zusammenbrechen. Damit könnte auch der Schutz besonders gefährdeter Risikogruppen bei einer sich selbstbeschleunigenden Ausbreitung nicht mehr gewährleistet werden.

„Wenn die Kapazitätsgrenze für Testung und Kontaktnachverfolgung (TTI) überschritten ist, brechen die Eindämmungsmaßnahmen dieses Kontrollsystems zusammen und der Anstieg der Fallzahlen beschleunigt sich. Die aktuelle Entwicklung in Deutschland bringt somit die in der Vergangenheit erfolgreiche Bewältigung der Pandemie ernsthaft in Gefahr.“[1] Dieser Punkt wurde im Verlaufe des Oktober 2020 tatsächlich erreicht.

Das Eingeständnis eines Kontrollverlustes bezüglich des Infektionsgeschehens durch die Politik ist dann tatsächlich zur Begründung des zweiten Lockdowns angeführt worden, der diese Kontrolle wieder zurückgewinnen sollte. In diesem Herangehen ist die Politik von maßgeblichen Vertretern der Wissenschaft auch deutlich unterstützt worden.[2]

Aber gerade deswegen drängt sich die Frage auf: Was bleibt von Nutzen und Kosten des ersten Lockdowns, wenn ein halbes Jahr später de facto ein zweiter ausgerufen werden muss?

Auch wenn er nur unter „light“ firmierte, erschien ein einfaches Weiterlaufenlassen der Pandemie auf niedrigem Niveau der Fallzahlen nicht mehr möglich.

Offensichtlich sind wir über den Sommer des Jahres 2020 hinweg schon wieder in die Phase 3 eines Pandemieverlaufs hineingeschlittert, in der Prävention und Kontrolle nicht mehr gelingen. Hier erreicht die Verbreitung des Virus einen sogenannten Kipppunkt, und die schnelle Zunahme neuer Infektionsfälle hängt nicht mehr mit Importen aus dem Ausland oder bekannten Infektionsketten zusammen.[3]

Wieder scheint das Pandemie-Krisenmanagement durch zu langes Warten und geblendet durch das moderate Infektionsgeschehen während des Sommers sehenden Auges in die nächste Falle gestolpert zu sein.

Der zweite Lockdown ist dann doch offensichtlich Eingeständnis, dass mit dem AHA-L-Regelsystem und der bisherigen Art und Weise der Kontaktnachverfolgung und ihrem Instrumentarium dem Corona-Virus in unserer Gesellschaft nicht beizukommen ist. Das gilt vor allem unter der Prämisse, dass man „chinesische Verhältnisse" vermeiden will und muss.

Was lief also falsch bzw. unvollständig beim ersten Lockdown? Begann er zu spät, war er nicht fokussiert genug und inkonsequent umgesetzt, wurde er zu früh aufgehoben bzw. mit politisch getriebenen Lockerungen in seiner Wirkung geschwächt und nicht die angemessenen und nachhaltig wirkenden Folgemaßnahmen und eingesetzten Instrumente beschlossen und umgesetzt?

Wahrscheinlich von allem etwas. Dass das Krisenmanagement zu Beginn des Jahres nicht „vor die Pandemie" gekommen ist, bleibt leider eine traurige Tatsache. Nach dem Auftreten des ersten Falles in

Deutschland am 27. Januar 2020 schätzte das zuständige Robert-Koch-Institut (RKI) die Gefahr für Deutschland noch am 28. Februar als „gering bis mäßig" ein. Erst Mitte März änderte sich die Einschätzung und die Gefahrenstufe wurde abrupt hochgesetzt und wenige Tage später ein Lockdown verhängt. Erst dann wurde die bis dahin sträflich geübte Gelassenheit vor dem heraufziehenden Corona-Sturm abgelegt, die den verheerenden Ausbruch des Corona-Virus in Norditalien und dann in Südtirol noch auf die leichte Schulter zu nehmen können glaubte. Von Wucht und Schnelligkeit der Virusverbreitung überrascht und schlecht vorbereitet bezüglich Prävention und Kontrolle wurde in der Not die „Bazooka" eines umfassenden Lockdowns hervorgeholt. Das wurde dann flankiert von bis dato nie für möglich gehaltenen finanziellen Hilfspaketen und Stützungsmaßnahmen für die Wirtschaft[4], um der kritischen Lage Herr zu werden, die sich u.a. in relativ hohen Todeszahlen in der älteren Bevölkerung manifestierte.

Aber schon damals kam Kritik aus der Wissenschaft an diesem Ansatz der Pandemiebekämpfung auf.[5] Insbesondere wurde auf die gravierenden Defizite in den epidemiologischen Daten verwiesen, die keine ausreichende Beschreibung von Verbreitung und Ausbreitungsmuster der Pandemie zuließen und insofern auch nur sehr begrenzt zur Begründung und Absicherung weiterreichender Entscheidungen seitens der Politik tauglich seien. Die empirische Datenbasis bleibt auch bis in die Gegenwart ein neuralgischer Punkt bei der Begründung von Maßnahmen zur Pandemieeindämmung.

Das hat das Abgleiten in den zweiten Lockdown mit bedingt.

Denn bezüglich des Infektionsgeschehens stochert man immer noch weitgehend im Nebel. Kritisiert wurde damals beispielsweise auch die starke Fokussierung auf die Verdopplungszeit der Infektionen. Diese sind logischerweise abhängig von Testverfügbarkeit und Anwendungshäufigkeit wiederholter Tests.

Die nicht ausreichende Befassung mit dem Ausbreitungstyp von Corona-Viren und dem dominierenden Verbreitungsmodus trug zur Verwirrung bei. Man konzentrierte sich damals vor allem auf Krankenhäuser, Pflege- und Betreuungseinrichtungen verbunden mit der Forderung, sich dem Auftreten des Virus in Clustern intensiver zuzuwenden.[6]

Es entbehrt nicht einer gewissen Ironie, dass der Cluster-Ansatz ein halbes Jahr später nun endlich Eingang in die Pandemiebekämpfung in Deutschland zu finden scheint, nachdem in Japan bereits seit längerem danach verfahren wird. Der Virologe Drosten von der Charité hat schon seit August des Jahres im Sinne eines Strategiewechsels im Corona-Management dafür geworben.[7]

Die zögerliche Umsetzung dieses Ansatzes – dann allerdings auch noch mit untauglichen Mitteln, wie der begrenzt wirksamen Corona-Warn-App -, hat ebenfalls einen zweiten Lockdown geradezu herausgefordert.

Wenn der bayerische Ministerpräsident Söder, die deutsche Corona-App als „zahnlosen Tiger" bezeichnet hat, dann trifft das den Nagel auf den Kopf.[8]

Weil die Mitarbeiter in den Gesundheitsämtern weiterhin im Wesentlichen mit Kugelschreiber, Excel-Listen und Faxgerät bei der Kontaktverfolgung arbeiten müssen, dann ist das eher ein Witz. Hier wird mit Mitteln des 20. Jahrhunderts gegen einen blitzschnellen Gegner gearbeitet, dem auch nur mit einem angemessenen digitalen Instrumentarium beizukommen ist.

Nicht zuletzt wegen der Überforderung der Gesundheitsämter ist eine Anpassung der Teststrategie durch das RKI notwendig geworden. Indem ab 03. November 2020 neue Testkriterien galten, wurden nur noch Fälle mit hoher Infektionswahrscheinlichkeit getestet, weniger die asymptomatischen Fälle. Das führte zwar zu einem Rückgang im Anstieg der nachgewiesenen Neuinfektionen, war aber kaum als Nachweis des Wirkens der Lockdown-Maßnahmen zu interpretieren (wegen erhöhter Dunkelziffer, prozentualem Anstieg der Todesfälle).

Auch an der unsäglichen Geschichte um die Corona-App wird das Versagen der Politik in der Pandemie deutlich, dass nämlich die Sommerpause bezüglich einer innovativen „Aufrüstung" im Krisenmanagement regelrecht verschlafen wurde. Dadurch wurde versäumt, erstens das Land nach dem Schrecken des ersten Lockdowns auf den weiteren Pandemieverlauf vorzubereiten und zweitens eine Mittelfrist-Strategie zu entwickeln, die den Menschen Vertrauen gibt und Akzeptanz sichert. Das Ausmalen von Horrorszenarien, wie z. B. eine mögliche bald kommende Triage in den Krankenhäusern wegen knapp werdender Intensivkapazitäten und die sich ewig wiederholenden moralischen Appelle an die Bevölkerung reichen nicht aus, um die gravierenden Defizite im staatlichen Corona-Management zu kaschieren.

Aus einer Manöverkritik des ersten Lockdowns wird leider bis heute auch die Beobachtung ausgeklammert, dass sich die Fallzahlen im Frühjahr bereits vor der Inkraftsetzung des Lockdowns am 23. März 2020 abschwächten.

Offensichtlich hat sich schon unter dem Eindruck der Bilder aus den Krankenhäusern Italiens das Verhalten der Bevölkerung zugunsten von Präventionsmaßnahmen nachhaltig verändert. Das ist dann noch durch eine bessere Verfügbarkeit von Schutzmaterialien (z.B. Masken) unterstützt worden. Das würde die Wirkung der eigentlichen Lockdown-Maßnahmen auf den Rückgang der Neuinfektionen relativieren, die unter dem großen Ausmaß an Unsicherheit, dem offensichtlichen Kontrollverlust und mangelnder materieller Vorbereitung verständlicherweise zum aktionistischen „Overkill" neigten. Hier zeigt sich die fehlende Bewertung einzelner Präventionsmaßnahmen und ihres Zusammenspiels in ihrer Wirkung auf die Eindämmung der Pandemie als ein gravierendes Versäumnis des Corona-Managements. Das ist in der ruhigen Sommerphase und auch bis jetzt nicht ausgeräumt worden.

Umso mehr begründet das die Forderung, dass die Dinge nun doch wohl besser als beim ersten Mal gemacht werden sollten – zumal die inzwischen doch allgemein beachteten Standardvorkehrungen gemäß der AHA-L-Regel und andere Restriktionen wie Kontaktbeschränkungen, Einschränkung der Mobilität, Schließung von öffentlichen und privaten Einrichtungen und Unternehmen etc. offensichtlich die zweite Welle nicht verhindert haben. Wenn das nicht gelingt, dann kommen wir aus dem Teufelskreis von „auf den ersten Lockdown folgt der nächste Lockdown" nicht heraus und die gesellschaftlichen Kosten werden unbeherrschbar.

Insgesamt kennzeichnen die deutsche Corona-Politik und das Management der Institutionen:

- eine Mischung aus Dilettantismus, Inkompetenz, Innovationsverweigerung und politischem Opportunismus (wiederholte empirisch wenig belegte und juristisch angreifbare Restriktionen;

kontraproduktive, vielfältige „Lockerungsdiskussionen", technisch-organisatorisch zurückgebliebene alte Infrastruktur zur Kontaktverfolgung; schwerfälliger und widersprüchlicher föderaler Mechanismus der Pandemieeindämmung; späte und unzureichende Einführung von Schnelltests insbesondere bei Risikogruppen etc.);
- eine unzureichende Kommunikation der strategischen Stoßrichtung der Pandemiebekämpfung (Ausmerzen des Virus oder sich hinziehende Tolerierung eines bestimmten Niveaus an Fallzahlen – und damit an Krankheits- und Todesfällen -, wenn das im Rahmen der Ressourcen des Gesundheitssystems bleibt, bei Gefahr eines Kontrollverlustes);
- ein penetrantes Eigenlob auf Basis fragwürdiger Vergleichsmaßstäbe in Bezug auf andere Länder;
- ständige moralische Appelle an die Verantwortung der Bürger;
- eine gehörige Dosis an Angstverbreitung (Intensivbettenmangel, drohende Triage etc.);
- nicht zuletzt eine augenfällige Ignoranz in der Frage, ob und wie man aus Erfahrungen anderer Länder lernen könnte.
- All diese Defizite scheint man durch großzügige finanzielle Hilfspakete zuschütten zu wollen,

wie sich das auch beim zweiten Lockdown zeigt. Hier soll wohl vor allem der stillgelegte Freizeitbereich als „Bauernopfer" damit ruhiggestellt und eine juristische Klagewelle abgewendet werden, nachdem beim ersten Lockdown im März schon das Füllhorn staatlicher Hilfen ausgeschüttet worden ist[9].



**COVID-19-Fallentwicklung nach Bundesländern und Deutschland gesamt (2020)[10]**

| Bundesland | Fälle je 100.000 Einwohner 20.03./28.11. | Todesfälle 20.03./28.11. |
|---|---|---|
| Baden-W. | 25/1.312 | 10/24,1 |
| Bayern | 18/1.539 | 12/28,6 |
| Berlin | 20/1.719 | 0/14,7 |
| Brandenburg | 8/ 722 | 0/13,0 |
| Bremen | 18/1.449 | 0/17,0 |
| Hamburg | 32/1.316 | 0/19,9 |
| Hessen | 13/1.349 | 1/19,6 |
| Meck-Pomm. | 8/ 362 | 0/ 3,8 |
| Niedersachs. | 10/ 875 | 0/14,3 |
| NRW | 20/1.421 | 6/18,8 |
| Rheinl.-Pfalz | 20/1.042 | 1/12,4 |
| Saarland | 15/1.240 | 0/25,3 |
| Sachsen | 10/1.287 | 0/21,1 |
| Sachsen-A. | 8/ 532 | 0/ 7,3 |
| SWH | 9/ 483 | 1/ 8,6 |
| Thüringen | 7/ 767 | 0/16,2 |
| **Gesamt** | **17/1.236** | **31/19,2** |

Das Traurige an dieser Einstellung ist, dass hier ausschließlich monetär gedacht wird, ohne zu verstehen, dass gerade Kunst- und Kulturschaffende in hohem Maße intrinsisch motiviert auftreten wollen und der „soziale Tod" viele Menschen vereinsamen lässt. Seelischer Kummer lässt sich nicht mit Geld ausgleichen.

Die Widersprüchlichkeit der Maßnahmen wird auch dadurch deutlich, dass in einigen Ländern in den Kinos zwar Gottesdienste stattfinden dürfen, aber Filmaufführungen verboten sind.

Gleiches gilt für Andachten in Kirchen, wenn auch mit Gesangsverbot oder sogenanntem „stillen Mitsingen".

Empörend empfinden viele auch das Schließen von Sportstätten oder Fitness Studios, ohne zu bedenken, dass gerade dem Sport und der Aktivität an frischer Luft große gesundheitliche Bedeutung zukommt.

## Treiber der Corona-Pandemie

Das künftige Geschehen hängt stark davon ab, ob wir endlich auch zu besseren und detaillierteren Kenntnissen von den Treibern der Pandemie und den Mustern der Infektionsausbreitung kommen, die die Infektionen haben hochschießen lassen.

Immerhin wird auch besonders seitens der Wissenschaft betont, dass man inzwischen so viel mehr über das Virus als zu Anfang der Pandemie wisse. Also was ist davon eingegangen in die praktische Corona-Pandemiebekämpfung?

Als Stand der Wissenschaft wird vielfach die sogenannte Superspreader-Theorie angesehen. Danach wird die Pandemie von entsprechenden Ereignissen bzw. Situationen angetrieben, in denen eine Anzahl (Gruppe) von Personen von einem Infizierten angesteckt wird und aus einem solchen Cluster heraus dann die Weiterverbreitung des Virus erfolgt. Diese Cluster sollten deshalb in den Fokus der Gesundheitsämter rücken und nicht die undifferenzierte Nachverfolgung eines nicht mehr zu bewältigenden Berges von Infektionen.

Die wissenschaftlichen Studien zum Cluster-Ansatz scheinen immer mehr und bessere Belege für die Richtigkeit und Wirksamkeit dieses Vorgehens zu liefern. Die praktische Umsetzung ist unterschiedlich weit fortgeschritten.[11] Japan wird allgemein als ein Beispiel für eine erfolgreiche Eindämmung des Virus durch Orientierung auf Cluster-Situationen bei der Kontaktverfolgung angesehen.

Hier kommt aber unterstützend hinzu, dass das Verhalten der Japaner sowieso schon – neben konsequentem täglichem Maskentragen – auf eine Vermeidung von Cluster-Situationen ausgerichtet ist; eingeübte Cluster-Vermeidung der Bevölkerung ist hier also schon Bestandteil dieser Strategie.

Bekannt in Europa für eine Cluster-Spurensuche ist auch das Gesundheitsamt des Kanton Bern, während die meisten anderen Kantone der Schweiz bislang darauf wenig Wert legten.

Ein solcher Ansatz hat sicherlich viel Plausibilität für sich. Das Problem ist aber die Identifizierung und letztlich die Nachverfolgung solcher Cluster, die die damit befassten Gesundheitsämter seit Oktober 2020 angesichts der Lawine neuer Infektionen nicht wie erforderlich leisten können.

Es ist aber nicht nur die schiere Masse an Neuinfektionen, sondern im Zusammenhang damit ist auch die sehr unzureichende personelle und infrastrukturelle Ausstattung dieser Ämter dafür verantwortlich, dass diese Aufgabe letztlich nicht in der notwendigen Weise erfüllt werden konnte. Stellvertretend sei hier nur auf die gravierenden Mängel der Corona-App verwiesen, die seit ihrer sowieso schon sehr späten Einführung im Juni 2020 zu Recht immer wieder angeprangert worden sind. Die Warn-App gibt nur einen Bruchteil des Infektionsgeschehens wieder und ist damit für die Gesundheitsämter keine wirkliche Hilfe bei der Nachverfolgung.[12] Hier liegt eine selbstverschuldete Fehlleistung vor, da sich dieses Instrument nicht auf der Höhe der Aufgabe befindet und insofern mit dafür verantwortlich ist, dass die große Keule eines erneuten Lockdown wieder hervorgeholt werden musste.[13]

Die auch hierin begründete unzureichende Datenbasis bleibt nach wie vor ein gravierender Mangel bei der Eindämmung der Pandemie. Das stellt auch den Cluster-Ansatz auf wacklige Füße wie auch die Bewertung der Standard-Abwehrmaßnahmen wie Abstand halten, Maske tragen, enge Räume meiden, Lüften etc. Diese können als Einzelmaßnahmen Sinn machen, aber ihre Anteile am Schutz und der Effekt ihres Zusammenwirkens bleiben nach wie vor eine Blackbox.[14]

„Dieses Hochjubeln von Clustern als „Haupttäter" ist aus meiner Sicht hochgradig inkompetent, weil das immer nur retrospektiv festgehalten werden kann…Wenn man das mal aufaddiert, dann sieht man sehr schnell, dass der Anteil von sogenannten spontanen Übertragungen unglaublich groß sein muss. Sonst würde man nie auf die Gesamtzahl (von Neuinfektionen) kommen. Wenn wir jetzt… tausende positive Tests haben und dann noch einmal eine große Dunkelziffer obendrauf, dann ist das, was wir über die immer wieder hochgejubelten Events zählen können, verschwindend gering."[15]

Nun wird die Cluster-Erkennung einerseits auch quasi offiziell wegen mangelnder Daten als unzureichend anerkannt[16], wenn das RKI einräumt, dass bislang nur etwa 25 % der Infektionen bestimmten Feldern und Bereichen zugordnet werden können; für etwa 75 % kann das nicht mehr nachvollzogen werden.

Andererseits fällt aber auf, dass dezidiert eine vorrangige Festlegung auf den privaten Bereich der Bevölkerung als Hort solcher Cluster und der davon ausgehenden Verbreitung des Virus vorgenommen wird. Damit korrespondieren die fortwährenden Appelle der Politik an die Bevölkerung, die Kontakte drastisch einzuschränken, zu Hause zu bleiben, private Feiern möglichst nicht mehr durchzuführen etc. Hier wird suggeriert, dass quasi hedonistische Züge der Gesellschaft und hier insbesondere bei der jüngeren Bevölkerung der notwendigen Disziplinierung des Verhaltens im Sinne der Infektionsbekämpfung entgegenstünden.

In der Diskussion darum haben Ergebnisse einer Studie von US-Forschern von der Johns Hopkins Bloomberg School of Public Health in Baltimore eine wichtige Rolle gespielt, die im Fachblatt „Science" veröffentlicht worden sind.[17]

Darin wird die Vermutung ausgesprochen, dass ein Großteil der Infektionen zwar auf Haushalte und ähnliche Wohnsituationen entfällt. Zugleich betonen die Wissenschaftler aber, dass ein vergleichbares Risiko auch sonstige Einrichtungen mit engem Zusammenleben haben wie Sammelunterkünfte und Pflegeeinrichtungen.

Die entscheidende Aussage der Wissenschaftler bezüglich dieses Treibers „private Haushalte" ist aber, dass die Virusübertragungen außerhalb davon, die verschiedene Haushalte miteinander verbindet, es-

senziell seien für die Aufrechterhaltung der Epidemie. Das stellt gewissermaßen einen zweiten Treiber des Infektionsgeschehens dar.[18]
Als dritten Treiber identifizieren sie die interregionale bzw. internationale Verbreitung durch Reiseverkehr, wonach schon wenige Fernverbindungen dafür sorgen können, dass sich das Coronavirus weltweit ausbreiten könne. Dass Reisebeschränkungen funktionieren können, hätten die strengen Regeln in China gezeigt, durch die es gelungen sei, das Virus im Land einzudämmen.[19]
Realistischer Weise wird von den US-Forschern auch eine Reihe von offenen Fragen angesprochen. So sei das relative Übertragungsrisiko in verschiedenen Gemeinschaftsumgebungen wie Restaurants, Einzelhandelsgeschäften u. a. immer noch weitgehend unklar, ebenso die Auswirkungen von Maßnahmen zur Eindämmung der Übertragung in diesen Umgebungen.
In den Aktivitäten des privaten Bereichs liegen sicherlich nicht zu übersehende Risiken für Ausbrüche des Virus. Das RKI hat seit dem Sommer 2020 eine Zunahme solcher Ausbrüche in privaten Haushalten, neben solchen am Arbeitsplatz und bei Freizeitaktivitäten aber auch wieder in Alten- und Pflegeheimen registriert. Zu Beginn der Pandemie in Deutschland (KW 13 – 18) gab es eine andere Lage; hier war das wahrscheinliche Infektionsumfeld eindeutig Alten- und Pflegeheime sowie Krankenhäuser und Flüchtlingsheime. In den darauffolgenden

Wochen verlagerte sich das Infektionsgeschehen mehr zum Arbeitsplatz, wie besonders in fleischverarbeitende Unternehmen.[20]

Wenn man sich aber die rapide ansteigenden Infektionszahlen seit dem Herbst 2020 anschaut, dann ist nicht von vornherein klar, dass sie überwiegend aus Superspreading Events im privaten Umfeld resultieren. So viele Hochzeiten und Feiern etc. können gar nicht stattgefunden haben, um solche Zahlen zu produzieren. Der Anteil spontaner Übertragungen auch durch symptomlos Infizierte (und damit einhergehend eine hohe Dunkelziffer) dürfte für das sich im Land ausbreitende diffuse Infektionsgeschehen in diesem Lichte ganz erheblich sein. Was passiert beispielsweise in den überfüllten Bussen und Bahnen im täglichen Berufsverkehr in den Großstädten und deren Umland? Dass der öffentliche Nahverkehr und das Bahnfahren in der Pandemie tendenziell so stark von den Menschen zugunsten des privaten PKW, des Fahrrades etc. gemieden werden, ist doch ein Indikator dafür, dass die Menschen instinktiv hier vor einer potenziellen Gefahr von Ansteckungen zurückweichen.[21] Umso verwunderlicher ist es, dass bislang nicht wirklich aussagekräftige Studien zum möglichen Infektionsgeschehen in den öffentlichen Verkehrsmitteln erstellt worden sind.

Wenn allerdings das Wirtschaftsleben und die beruflichen Aktivitäten der Menschen trotz allem aufrechterhalten werden sollen, dann nimmt man letztendlich auch hier liegende potenzielle Ansteckungsherde in Kauf. Leider gelingt die Nachverfolgung von Infektionen im öffentlichen Raum viel zu selten. Die Erkenntnisse in Deutschland über entsprechende Orte und Situationen sind extrem begrenzt. Insofern sind auch die Argumente für ein Offenhalten von Restaurants, Veranstaltungen etc. – trotz der verständlichen Lasten für die Betroffenen aus Schließungen - nicht unbedingt stichhaltig, da die Infektionen dort im Vergleich zu Haushalten ebenfalls schwer zu erfassen sind. Auch hier gibt es keine ausreichende Datenbasis.

Mit Sicherheit lässt sich aber sagen, dass die Corona-Infektionen in Haushalten zunächst einmal über das Virus dort eingeschleppt sein müssen. Die im privaten Umfeld auftretenden „Superspreader" tauchen ja nicht aus dem Nichts auf, sie kommen von irgendwoher, wo sie sich selbst angesteckt haben; das Virus „entsteht" nicht in der Wohnung und bei einem privaten Treffen.

Die epidemiologische Datenbasis des RKI weist aber „...genau dort große Schwächen auf, wo sie besonders wichtig wäre: Auf dem Weg in die privaten Haushalte, also wenn das Virus von einem Freundeskreis zum nächsten oder von einer Familie zur anderen wandert. Denn dort liegt der eigentliche Motor der Pandemie".[22] Folglich käme es auf die Bestimmung der Knotenpunkte an, die die Verbindungen der sich in Netzwerken bewegenden familiären Umfelder darstellen, über die das Virus in die Haushalte gelangt.

Leider ist die Kontaktverfolgung in diesen Punkten auch bis heute nicht wirklich gelungen.

In diesem Licht steht die Identifizierung des privaten Bereichs und der dortigen Kontakte als „Hauptübeltäter" der Virusverbreitung empirisch auf schwachen Füßen. Sie erscheint so eher als eine bequeme, politisch opportune und letztlich auch „kostengünstige" Herangehensweise. Sie wälzt die Hauptlast der Pandemiebekämpfung auf den Bürger und sein Verhalten ab, das durch dessen Einbindung in Arbeit, Beruf, Familie etc. aber nur in Grenzen veränderbar ist.

Wenn die freiwillige Reduzierung von Kontakten seit dem Sommer nicht funktioniert hat (sonst wäre kein weiterer Lockdown nötig gewesen) und eine empirische Begründung der hauptsächlich verantwortlichen Aktivitäten und Infektionsfelder schwerfällt, dann läuft die epidemiologische Faustregel der Kontaktreduzierung auf eine politische Entscheidung hinaus: dann trifft es den „Freizeitbereich" im Sinne eines politisch verkraftbaren „Bauernopfers". Wenn man es nicht vorher schon gewusst hätte, dann ist dem „Freizeitbereich" quasi offiziell bestätigt worden, dass er nicht systemrelevant ist und seine Schließung zudem am kostengünstigsten ist. Gekoppelt ist das Vorgehen gegen diesen Bereich der Gesellschaft mit moralischen Appellen hinsichtlich des Verhaltens im privaten Haushalt, der aus Grundrechtsgründen angeblich schwer bzw. nicht zu kontrollieren ist. Mehr geben die aktuelle Testinfrastruktur und das Kontakttracking nicht her.[23]

Dass die Unverletzlichkeit des privaten Bereichs angesichts des akuten Gesundheitsnotstandes aber auch hinterfragt werden sollte, das kommt im Kontext der Pandemie nicht unerwartet. Die Diskussion um politisch-juristische Möglichkeiten, der Polizei Zugang zu den Wohnungen zu verschaffen, um Pandemieregeln in Wohnräumen durchzusetzen, ist in vollem Gange. Das Infektionsschutzgesetz als Grundlage des Handelns der Regierung sieht jetzt schon mögliche Einschränkungen entsprechender Grundrechte vor. Auch das Landespolizeirecht Bayerns ist beispielsweise da sehr flexibel.[24]

Als bemerkenswerter Vorgang im Zusammenhang mit der Verhängung des zweiten Lockdowns muss gelten, dass sich eine Spaltung in der Wissenschafts-Community zu ergeben scheint. Ein Teil der Virologen bzw. Epidemiologen hat im Verein mit Teilen der Ärzteschaft die Lockdown-Maßnahmen der Politik vom 28.10.2020 hinterfragt und kritisiert.

In einem entsprechenden Positionspapier wird auf Grenzen der bisherigen Strategie der Kontaktpersonennachverfolgung verwiesen und anstatt von weitreichenden Ausgangssperren ein gezielter Schutz von Risikogruppen in der Bevölkerung – gestützt auf ein bundesweit einheitliches Ampelsystem, das die aktuelle Lage widerspiegelt – gefordert.[25]

Auch der Vorwurf, dass die Politik wieder einmal zu pauschal und nach dem Gießkannenprinzip bei den verhängten Beschränkungen verfahren ist, wird erhoben. Die Einführung des Instruments der Schnelltest sei im Prinzip verschlafen worden, so dass man auf die derzeitige Situation nicht vorbereitet sei. Das wirke sich insbesondere auch auf die Situation in den Alten- und Pflegeheimen aus, wo die Ausbrüche wieder zunähmen, was „einfach unentschuldbar" ist.[26]

So muss man konstatieren, dass auch der zweite Lockdown aus Angst vor dem Kontrollverlust ohne ausreichende empirische Basis hinsichtlich des Infektionsgeschehens und der Treiber der Pandemie angeordnet wurde. Das ist dieses Mal wenigstens gekoppelt mit dem Bemühen, einen möglichen „Overkill" an Restriktionen wie beim ersten Lockdown zu vermeiden (z. B. durch Offenhalten der Schulen). Dem ersten Lockdown konnte man immerhin noch die „Neuigkeit" des Virus und fehlendes Wissen zu dessen Verhalten und Wirkungen zugutehalten, aber schon nicht mehr die verspätete Reaktion und den gravierenden Mangel an Schutzmaterialien.

Wenn Kontaktverfolgung und Teststrategie zukünftig nicht eine systematische und differenzierte empirische Basis für Maßnahmen zur Pandemieeindämmung liefern, dann dürfte der nächste Lockdown nicht weit sein. Man muss es zweifellos als Fehler ansehen, dass den Gesundheitsämtern nicht wissenschaftliche Teams zur Seite gestellt worden sind, um eine Analyse des Infektionsgeschehens vorzunehmen, die diese Ämter wegen ihrer operativen Überlastung gar nicht leisten können. Auf diesem Wege wäre man bei der Entwicklung einer aussagefähigen empirischen Basis wirksamer vorangekommen.

Dass man zukünftig mehr über die entscheidenden Quell-Cluster von Ansteckungen wissen muss, sollte inzwischen deutlich geworden sein. Eine entsprechende Cluster-Software als mögliche Hilfe drängt sich da eigentlich zwingend auf, denn das bisherige händische Vorgehen und die Verwendung herkömmlicher Excel-Listen auf den Gesundheitsämtern reicht da keinesfalls aus. Eine offizielle App, die eine solche Aufgabe automatisch leistet, ist aber nicht geplant.[27]

Und noch ein Problem muss betrachtet werden: Können und dürfen empirisch so wenig begründete Rechtsverordnungen zur Kontaktbegrenzung ohne parlamentarische Basis und genauere gesetzliche Vorgaben politisch und juristisch überhaupt bestehen? Die Zerreißprobe für Rechtsstaat und föderales System ist inzwischen auch offensichtlich geworden.

## Föderalismus auf dem Prüfstand

Die Corona-Krise ist zweifellos zu einer Herausforderung für Staatsaufbau und politische Ordnung in vielen Ländern geworden. Dadurch sind auch dem deutschen Föderalismus ernsthafte Fragen erwachsen, wie sich gerade am bedenklich bröckelnden Konsens hinsichtlich von Maßnahmen zur Pandemieeindämmung im Verlauf des Jahres 2020 zeigte. Die Frage danach, wieviel Einheitlichkeit in der Corona-Pandemie landesweit notwendig und möglich ist und wer über Maßnahmen angesichts unterschiedlich stark betroffener Regionen entscheidet, ist immer kontroverser diskutiert worden.

Ein immer wieder mit Blick auf andere Länder (Frankreich ist dafür der beliebteste Kandidat) gern wiederholtes Lob des deutschen Föderalismus muss schon deutlich hinterfragt werden.

Das beginnt mit der Fragwürdigkeit des bislang üblichen nicht-öffentlichen Aushandlungsprozesses von Maßnahmen zwischen Kanzleramt und Ministerpräsidenten der Länder, wobei die Maßnahmen dieser Runde eher politische Absichtserklärungen sind, keine bindende Wirkung für die Länder haben. Diese erlassen dann eigene, vielfach abweichende Regelungen in Form von amtlich unbegründeten Rechtsverordnungen. Auch hier wirkt die Öffentlichkeit nicht mit.[28]

Dieser Prozess beruht mehr oder weniger lose auf dem Infektionsschutzgesetz, das aber für das konkrete Corona-Krisenmanagement keine wirklich wirksamen Kriterien enthält. Hier ist einem ausufernden Regierungsföderalismus Raum gegeben worden, der die zentrale Stellung der Exekutive in Bund und Ländern in der Corona-Krise sehr weit gedehnt hat.

Das hat aber in der Öffentlichkeit fast schon erwartungsgemäß zu Gereiztheit, Widerstand und Resignation geführt. Auf dieser Linie lag auch das Bestreben von Gesundheitsminister Jens Spahn, dauerhafte Sonderrechte für sein Ressort zur Pandemiebekämpfung in dem „Entwurf eines Dritten Gesetzes zum Schutz der Bevölkerung bei einer epidemischen Lage von nationaler Tragweite" (Bevölkerungsschutzgesetz) zu verankern, das endlich erheblichen parlamentarischen Widerstand herausforderte.[29]

Die dysfunktionalen Nebeneffekte haben die anfänglichen Vorzüge dieses Regierungsföderalismus immer mehr überlagert.

Spätestens bei der Verhängung des unsäglichen Beherbergungsverbotes im Oktober 2020 hat dieser Ansatz Schiffbruch erlitten und der Krisenstrategie von Bund und Ländern durch selbstherrliches Exekutivhandeln einen Bärendienst erwiesen.

Die nun immer intensiver überall geforderte Parlamentarisierung der Pandemiebekämpfung kann dann sinnvoll und hilfreich sein, wenn dadurch nicht nur die demokratische Legitimität der Pandemiebekämpfung erhöht werden kann, sondern vor allem ein gemeinsamer Rechtsrahmen auf Grundlage wissenschaftlicher Evidenz zum Infektionsgeschehen entsteht (die nach wie vor sehr dünn ist). Ein solcher Rahmen müsste dann auch generell gefasste und in sich kohärente Regeln für Abstufungen und örtliche Differenzierungen enthalten. Maßgeblich ist die Vorgabe von Kriterien für Eingriffe, die Festlegung von Fristen, Begründungserfordernisse und Berichtspflichten. Wenn nur bisherige, mehr oder weniger gut begründete, einzelne Maßnahmen lediglich in das Infektionsschutzgesetz bzw. Bevölkerungsschutzgesetz aufgenommen werden, dann ist das kein qualitativer Fortschritt zur bisherigen unklaren Vorgehensweise.

Bleiben diese Defizite bestehen, dann ist wahrscheinlich, dass die Gerichte auch weiterhin diese gesetzlich-institutionelle Lücke ausfüllen und korrigierend in den Maßnahmenkatalog der Rechtsverordnungen eingreifen werden.

Die Akzeptanz der Krisenstrategie von Bund und Ländern wird weiter geschwächt, der Widerstand gegen Eingriffe und Restriktionen wächst.

Ein besonders desasträses Beispiel föderalen Herangehens stellt die Corona-Bekämpfung in den Schulen und Kindergärten in Deutschland dar. Zum Frust vieler Eltern wurden nach zahllosen Stückwerk-Maßnahmen die Schulen und Kindergärten bundesweit im Frühjahr 2020 geschlossen und die

Eltern weitgehend mit beginnendem Fernunterricht allein gelassen. Einen Plan für Distanzunterricht hatten die meisten nicht, von den technischen Voraussetzungen in den Lehreinrichtungen und den Elternhäusern für digitalen Unterricht ganz zu schweigen.

Nunmehr bleiben die Lehreinrichtungen im zweiten Lockdown offen, aber schon nach der ersten Novemberwoche befanden sich laut Medien-Berichten rund 300 000 Schülerinnen und Schüler und etwa 30 000 Lehrer in Quarantäne. Die Sorgen um die Schüler und Lehrer sowie Erzieher wachsen.

Die einzelnen Bundesländer diskutieren zwar in Eigenverantwortung schon wieder weitergehende Maßnahmen. Die einen sind für Gruppenunterricht, die anderen für Ferienverlängerungen oder hybride Lehrformen. Seit dem ersten Lockdown ist es nicht einmal gelungen, alle Schulen mit mobiler Lüftungstechnik auszurüsten oder wenigstens überall Fenstergriffe anzubringen. Ergänzend wird den Schülern empfohlen, warme Pullover anzuziehen, Schal und Mütze neben einer Maske im Unterricht zu tragen. Die Gewerkschaft Unterricht und Erziehung spricht von einem „Salami-Lockdown."

Schaut man dagegen einmal nach Südkorea, zeigte sich schon im Frühjahr ein ganz anderes Bild.[30]

Hier hat der Sender EBS-Educational Broadcasting System als zentraler Lehr– und Erziehungssender der ganzen Welt gezeigt, wie moderner Unterricht auch unter Pandemiebedingungen effektiv funktioniert. In dem Bericht heißt es: „28000 Lehrinhalte stellte der öffentlich-rechtliche Sender online. 150 Teams produzierten in 10 Studios täglich 472 Live-Vortragssendungen."[31]

Das Projekt wurde zentral für ganz Südkorea durchgesetzt, weil die Bildung als nationale Aufgabe ersten Ranges betrachtet wird. Im Eiltempo entstanden Plattformen für vollwertigen nationalen Live-Unterricht.

Die Koreaner haben in kürzester Zeit, innerhalb von nur zwei Wochen, die technischen Voraussetzungen dafür geschaffen, dass nicht nur ein paar tausend Verbindungen möglich waren, sondern über drei Millionen. „K-Ed"- Koreanische Erziehung soll zum Exportschlager wie „K-pop" für Popmusik bzw. „K-Beauty" für Schönheitsoperationen werden.

Dank des national einheitlichen Vorgehens in Bildungsfragen gilt Südkorea weltweit als Pionier für digitales Lernen mit einheitlichen Programmen und ehrgeizigen Zielen ohne Einsprüche von Länderfürsten oder gar Städten und Gemeinden. Der Digitalisierung des Unterrichts wurde schon lange große Priorität eingeräumt.

Deutschland liegt im Digitalisierungsindex des Unterrichts in Europa auf einem der hintersten Plätze vor Polen. An der Spitze stehen dagegen Estland und Dänemark. [32]

Es soll hier nicht der Eindruck erweckt werden, als hätte nur Deutschland mit seinem föderalen Aufbau Koordinationsprobleme bei der Pandemiebekämpfung. Mit Blick auf Frankreich, Spanien, Italien und Großbritannien tun sich je eigene Probleme bezüglich Staatsaufbau, regionalen Disparitäten und Rivalitäten sowie parteipolitischen Streitigkeiten auf. Hier ergeben sich auch unterschiedliche Rahmenbedingungen, die bei Analysen und Bewertungen des Infektionsgeschehens in diesen Ländern unbedingt zu berücksichtigen sind[33]. Dass Deutschland hier nicht einfach eine Blaupause für andere EU-Mitglieder abgeben kann, versteht sich von selbst.

## Deutschland – Insel im europäischen Corona-Strudel?

Bei keiner der vielen Stellungnahmen der Politik zur Entwicklung des täglichen Infektionsgeschehens in Deutschland fehlt der Hinweis, dass das Land aber doch weitaus besser durch die Pandemie komme als viele andere Länder in Europa und weltweit. Das darin eingeschlossene Lob für das eigene Corona-Management ist unüberhörbar.
Eine solche Einschätzung ist nicht unbedingt falsch, wenn man das auf die eindeutigen Verlierer der Pandemie bezieht wie die USA, Frankreich, Italien, Spanien, Großbritannien etc.

Aber ein solcher Vergleich ist vollkommen unglaubwürdig, wenn man die Länder dagegenhält, die sich als Sieger bei der Pandemiebekämpfung sehen können, also vor allem die Länder in Ost- und Südostasien. Beim Vergleich der täglichen Neuinfektionen je eine Million Einwohner in Deutschland mit Ländern wie China, Südkorea, Taiwan und Vietnam schneidet Deutschland bereits schon seit der ersten Welle konstant schlechter ab. Das gilt auch und besonders jetzt in der zweiten Welle, wo die asiatischen Länder kaum einen Anstieg zugelassen und die Zahl der Neuinfektionen de facto gegen null gedrückt haben.

Selbst afrikanische Länder scheinen die Pandemie in den Griff zu kriegen wie Kenia, Ghana, Ruanda, von denen allerdings keiner spricht.

Leider hat Europa seit Ausbruch der Krise von den Stärken der asiatischen Pandemiebekämpfung nichts gelernt oder lernen wollen. Das betrifft insbesondere China, dessen Erfahrungen aus Gründen der „politischen Korrektheit" einfach nicht unvoreingenommen betrachtet werden. Da sind noch nicht einmal die Mentalitätsunterschiede zu asiatischen Gesellschaften berücksichtigt, wo Verhaltensweisen vollkommen akzeptabel sind, die das Infektionsgeschehen eindämmen können (z. B. das selbstverständliche Tragen von Masken), in westlichen Gesellschaften aber oft als „freiheitseinschränkend" abgelehnt werden. Dass hier möglicherweise ein verengtes Verständnis von individueller Freiheit

zum Vorschein kommt, wird allzu wenig hinterfragt.

Wenn man berücksichtigt, dass es in Deutschland
keine Zustände wie in den überfüllten und überfor-
derten Krankenhäusern in Italien und anderswo gegeben hat, die intensivmedizinische Betreuung über
weitaus mehr Ressourcen als in jedem anderen Land
verfügt[34] und bis Ende November 2020 „nur" etwa
15.000 Tote infolge des Virus zu beklagen sind im
Vergleich zu den viel höheren Totenzahlen in Italien, Spanien, Frankreich, ganz zu schweigen von
den etwa 220.000 Toten in den USA, dann mag die
gute Selbsteinschätzung stimmen.
Aber Deutschland ist keine Insel im europäischen
und weltweiten Pandemiegeschehen. Gerade im europäischen Ausland sind mit dem Herbst 2020 die
Dämme gegen die Virusausbreitung gebrochen,
eine Abschottung wird da sehr schwierig, wenn man
nicht wieder wie im Frühjahr auf die unsäglichen
Grenzschließungen zurückgreifen will.
Es sind wiederum die nicht nur schon in der ersten
Welle aufgefallenen drei EU-Staaten Spanien,
Frankreich und Italien, die in eine bedrohliche Lage
geraten sind. Aber gerade hier handelt es sich um
Staaten, in denen im Frühjahr sehr drastische Lockdowns verhängt worden sind, die teilweise weit über
das in Deutschland verordnete Regime hinausgin-
gen. Dabei lässt sich gerade auch in Italien beobach-
ten, wo die Lombardei im Herbst 2020 wieder zum

Schwerpunkt der Pandemie wurde, wie die Menschen der zweiten Welle vielfach mit Erschöpfung und Frustration begegnen. Das rührt auch daher, dass sich auch hier die Behörden unzureichend auf diese Welle vorbereitet haben, der Sommer vergeudet worden ist. Dieses Versäumnis wirkt sich nun besonders verhängnisvoll durch die Ausbreitung der Pandemie in den Süden des Landes aus, wo das Gesundheitswesen in einem noch viel schlechteren Zustand als im Norden ist.

Es ist ein gravierendes Versäumnis, dass man in Deutschland nicht gezielt den Ursachen der hohen Opferzahlen in benachbarten europäischen Ländern nachgegangen ist, obwohl diese viel härtere Lockdowns als in Deutschland vorgenommen haben. Das ist eine der wichtigsten Fragen.[35] Es gibt ausreichende Evidenz dafür, dass die Vielzahl an Todesfällen in Italien und Spanien einen Haupttreiber in den Krankenhäusern selbst hatten, deren Hygieneverhältnisse wegen der radikalen Sparpolitik in der Vergangenheit schlechter als in Deutschland waren. Stattdessen werden die Zustände in den Krankenhäusern der Nachbarn für das schwarze Ausmalen von Bedrohungsszenarien instrumentalisiert. Hier und zu anderen Fragen fehlt entscheidendes Wissen, so dass fragwürdige politische Entscheidungen getroffen werden.[36]

Das Beherbergungsverbot ist ein Beispiel dafür gewesen. Ebenso betrifft das die unsystematische Handhabung des Abstandsgebots. Wenn in Schlachthöfen inzwischen strenge Abstandsregeln eingefordert werden, so fällt umso mehr auf, dass sie im öffentlichen Nahverkehr außer Kraft gesetzt sind, weil sie im Berufsverkehr gar nicht einhaltbar sind.

Der Kreis der gefährdeten Staaten in Europa hat sich seit dem Herbst mit dem Ausgreifen einer zweiten Welle stark erweitert. Nun meldeten plötzlich auch Belgien, Luxemburg, die Niederlande, Österreich und selbst die Schweiz immer neue Höchststände an Neuinfektionen, zu schweigen von Großbritannien, das einfach nicht aus dem Corona-Strudel herausgefunden hat.

Dazu kamen im östlichen Europa Tschechien, ein in der ersten Welle kaum aufgefallenes Land sowie Polen, die Slowakei, Slowenien und natürlich immer noch Russland.

Dabei kann gerade Tschechien als ein Beispiel für ein geradezu fahrlässiges Corona-Management nach der ersten Welle gelten. Mit dem Auftreten einer ersten Corona-Infektion am 2. März 2020 setzte das Land ein drastisches Corona-Regime mit weitreichenden Restriktionen in Kraft. Dazu gehörten auch Ausgangsbeschränkungen wie es sie nur in den besonders stark betroffenen Ländern Italien und Spanien gab. Ein- und Ausreise wurden ebenfalls prinzipiell untersagt. Erst am 17. Mai 2020 endete der Notstand und man begann - ähnlich wie in den Nachbarländern -, die Maßnahmen schrittweise zu lockern. Dann versagte aber die Politik, als man es versäumte, auf die seit August wieder ansteigenden täglichen Infektionszahlen zu reagieren und auch die für September vorgesehene Maskenpflicht nicht durchgesetzt wurde.[37]

Auch Russland bekommt die Pandemie nicht wirklich in den Griff und kämpft erneut mit steigenden Infektionszahlen, die nun insbesondere auch im sibirischen Teil des Landes zu verzeichnen sind bei einem dort noch weitaus schlechteren Gesundheitswesen als in den Metropolen Moskau und St. Petersburg.

Angesichts dieser Entwicklung verwundert es nicht, wenn die WHO Europa inzwischen als das Epizentrum der Corona-Pandemie einstuft.[38]

Wie lange kann man dann noch von einer Sonderrolle Deutschlands ausgehen; eine Position, die in der ersten Welle nicht ohne Genugtuung und eigenes Schulterklopfen hervorgehoben worden ist?

Das europäische Infektionsgeschehen seit dem Herbst 2020 ist umso bedenklicher, wenn man berücksichtigt, dass alle diese Länder bereits einen mehr oder weniger rigorosen Lockdown in der ersten Jahreshälfte vollzogen haben.

Das länderübergreifende Auftreten einer zweiten Welle im Herbst 2020 muss als Indiz dafür gewertet werden, dass sich die Pandemiebekämpfung in Europa im Vergleich zur Situation in Asien nicht auf der Höhe der Anforderungen befunden hat. Aber auch Europa weist Beispiele einer relativ gut gelungenen Pandemiebekämpfung auf wie sich in Irland, Island und nicht zuletzt auch in Finnland zeigt.[39]

## Schweden und die Herdenimmunität

Seit dem Auftreten des Coronavirus Anfang 2020 in Europa hat es um das Phänomen einer Herdenimmunität in der Bevölkerung als möglicher Strategieansatz der Pandemiebekämpfung eine kontroverse Diskussion gegeben. Herdenimmunität wäre danach bei weitgehender Aufrechterhaltung des wirtschaftlichen und gesellschaftlichen Lebens durch eine sukzessive Durchseuchung der Bevölkerung mit dem Virus bis zu einem Punkt zu erreichen, an dem das Virus keine Wirtspersonen mehr finden und damit absterben würde. Hier ist vielfach eine Infizierung von etwa zwei Drittel der Bevölkerung als Schwelle angeführt worden.[40]

In der Diskussion in Deutschland fehlte bei der Herausstellung der eigenen relativ niedrigen Zahl an Corona-Todesfällen fast niemals der Hinweis auf die weitaus höheren Todeszahlen in Schweden (im Verhältnis zur Bevölkerungsgröße, Mitte Oktober

2020 waren das 5930 Todesfälle bei 10,2 Mio. Menschen). Das führte man auf die angeblich dort praktizierte Strategie der Herdenimmunität mit relativ geringen Einschränkungen des öffentlichen Lebens zurück. Bei genauerem Hinsehen entpuppt sich diese Perspektive als ein gewolltes oder ungewolltes Missverständnis und scheint gerade in Deutschland eher der Rechtfertigung der eigenen Lockdown-Strategie zu dienen.

Der Fehlinterpretation des anderen schwedischen Vorgehens als einer unverantwortlichen Strategie der Herbeiführung einer Herdenimmunität in der Bevölkerung steht andererseits die Lobpreisung des schwedischen Weges durch Vermeidung eines Lockdown gegenüber, wie das in den meisten anderen Ländern geschehen ist. Beide Perspektiven werden dem schwedischen Weg nicht gerecht.

Schweden arbeitet durchaus mit Einschränkungen und Verboten, was gerade auch wieder beim Anziehen des Infektionsgeschehens im Herbst 2020 nachdrücklich der Fall gewesen ist, wenn auch prinzipiell Aufklärung und Empfehlungen im Vordergrund stehen bleiben sollen.

Das betrifft beispielsweise die Empfehlung besonders an ältere Menschen, möglichst öffentliche Verkehrsmittel zu meiden, da hier ein potenzieller Infektionsherd gesehen wird, ein in Deutschland weitgehend unterbelichtetes Problem. In besonders betroffenen Regionen wie in der Universitätsstadt bzw. im Landkreis Uppsala sind durchaus zeitlich begrenzte strenge Corona-Regeln eingeführt worden.

Abgerückt ist man in Schweden auch von der anfänglich praktizierten Reduzierung von Kontakten bzw. der Isolierung von älteren Menschen, da es zu Beginn der Pandemie hier zu einer starken Häufung von Todesfällen in Alters- und Pflegeheimen kam. Gerade das ließ die Todeszahlen in Schweden anfangs zu anderen Ländern hochschnellen. Die sehr starken negativen Nebenwirkungen dieser Strategie für ältere Menschen haben zu der Einsicht geführt, dass gerade ein solcher Umgang mit dieser Risikogruppe nicht angemessen und ethisch vertretbar wäre.

Andererseits gibt es einige Besonderheiten des schwedischen Herangehens bei der Pandemiebekämpfung im Vergleich zu den meisten anderen Ländern. So gibt es bis dato beispielsweise keine Maskenpflicht, nächtliche Ausgangssperren sind nicht verhängt worden, das Besuchsverbot in Altenheimen – eine der wenigen strengen Restriktionen – wurde wieder aufgehoben, Schulen, Restaurants, Fitnessstudios etc. blieben unter Auflagen offen. Aber besonders fällt auf, dass Schweden bislang keinen Lockdown wie in anderen europäischen Ländern verhängt hat. Nach den Worten des schwedischen Chef-Epidemiologen, Anders Tegnell, sei ein Lockdown „wie einen Hammer zu benutzen, um eine Fliege zu töten."[41] Für Tegnell steht fest „Lockdowns sind keine langfristige Lösung. Fast alle Länder, die das öffentliche Leben im Frühjahr drastisch eingeschränkt haben, erleben nun erneut einen starken Anstieg der Fälle … (vielmehr) lernen wir, dass eine Mehrheit (der Bevölkerung) dagegen ist, Geschäfte und Schulen immer wieder auf- und zuzumachen. Viele akzeptieren eher, ihren Betrieb auf lange Zeit graduell einzuschränken. Sie wollen eine langfristige Lösung… In dieser Pandemie dreht sich alles um Akzeptanz."[42] Dabei besitzt Freiwilligkeit bei Maßnahmen zur Pandemieeindämmung in Schweden einen deutlich höheren Stellenwert als in anderen Ländern. Trotzdem oder gerade deswegen haben die Schweden ihr Verhalten in der Pandemie sehr stark verändert wie am Reiseverhalten, der Nutzung des Homeoffice etc. zu sehen ist.

Bei Lichte besehen, steht auch Schweden innerhalb des international weitgehend geteilten Konsenses, dass das Anstreben von Herdenimmunität keine vertretbare Strategie ist. Hier ist Tegnell eindeutig und klar: „Herdenimmunität anzustreben, ist weder ethisch noch sonst wie vertretbar. Selbst wenn jüngere Menschen weniger schwere Verläufe haben und seltener sterben – es kann dennoch vorkommen. Das zu akzeptieren, ist aus einer Perspektive der öffentlichen Gesundheit nicht gut. Hinzu kommt: In der Geschichte gibt es bisher keine Infektionskrankheit, bei der eine Herdenimmunität die Übertragung vollends aufgehalten hat, ohne dass es zuvor eine

Impfung gab. Und das wird auch bei Covid-19 nicht passieren".[43]

Hier trifft sich Tegnell mit der Überzeugung des bekanntesten deutschen Virologen, Christian Drosten, der das Erreichen einer Herdenimmunität auf keinen Fall durch ein unkontrolliertes Durchinfizieren der Gesellschaft erreichen möchte, sondern nur im Zusammenhang mit Impfungen für möglich und erstrebenswert ansieht.[44]

Schließlich ist es nicht so, dass die schwedischen Behörden nicht bereit sind, der Realität in die Augen zu sehen. Da auch die zweite Welle im Land immer mehr ihre Spuren hinterlässt, so ist man auch hier bereit, strengere Restriktionen zu verhängen und nicht alles der Eigenverantwortung der Schweden zu überlassen.[45]

## Corona und die US-Wahlen

Die USA sind zum Spitzenreiter in der Welt bei der Entwicklung der Infektionszahlen und der Corona-Todesfälle geworden. Anfang November 2020 zum Zeitpunkt der Wahlen registrierte man im Land etwa 235.000 Covid-Tote bei fast 10 Mio. Infektionsfällen. Die täglichen Neuinfektionen stiegen auf weit über 100 000.

Welch enormes politisches Gewicht die Corona-Epidemie in dem Land schließlich bekommen hat, ist am Ausgang der Präsidentschaftswahlen am 03. November 2020 sichtbar geworden. Die rasante landesweite Ausbreitung und die ökonomischen, sozialen Verwerfungen der Pandemie sind schließlich ein maßgeblicher Faktor für die Niederlage des amtierenden Präsidenten, D. Trump, gegen seine demokratischen Herausforderer, J. Biden, gewesen. Ohne die Einwirkung der Pandemie wäre es wohl wieder zu einem Sieg des republikanischen Amtsinhabers gekommen, da er noch in den Anfangsmonaten des Jahres auf eine gute wirtschaftliche Situation im Lande zählen konnte, ein bei US-Wahlen in der Regel entscheidender Faktor.

Das Kalkül der Trump-Administration ist dann wohl auch gewesen, einerseits die Pandemie herunterzuspielen, um die wirtschaftlichen Aktivitäten möglichst hoch zu halten und andererseits darauf zu hoffen, dass Corona vorrangig die ärmeren Bevölkerungsschichten, insbesondere die Afro-Amerikaner, in den Metropolregionen treffen würde. Diese wählen traditionell eher demokratisch. Man nahm an, dass das republikanische „Heartland" und die Klein- und Mittel- bzw. Vorstädte des Landes vom Virus eher verschont werden würden.

Dieser Logik folgten auch die gegen die Pandemie erlassenen Beschränkungen. Da diese von den Bundesstaaten und lokalen Behörden festgelegt werden, gab es zunächst die stärksten Eingriffe in New York und an der Westküste, demokratischen Hochburgen.

Die Bundesstaaten im Mittleren Westen und im Süden gingen weniger restriktiv vor. Das hat sich aber in bestimmten Umfang als Fehlkalkulation erwiesen.

Auch viele als vor der Pandemie sicher eingeschätzte und traditionell republikanisch dominierte Wahlbezirke wurden von der Pandemie getroffen, was zu Stimmverlusten für die republikanische Seite beigetragen hat.

Dass diese Verluste der Republikaner nicht stärker als erwartet ausgefallen sind, hat sicherlich auch mit den sehr großen Hilfspaketen zu tun, die der Kongress zur Unterstützung von Unternehmen und privaten Haushalten verabschiedet hat, die sich am Ende auf etwa 2,8 Billionen Dollar oder 14 Prozent der US-amerikanischen Wirtschaftsleistung summierten.

Es war deshalb zwingend, dass der neugewählte Präsident, J. Biden, gleich zu Beginn signalisierte, dass er der Bekämpfung der Corona-Krise hohe Priorität einräumen würde und das auch durch Bestellung eines Expertenteams hierfür untermauerte. Das verband sich zugleich mit den großen Hoffnungen auf einen schnell verfügbaren Impfstoff, der dann auch massenhaft eingesetzt werden könnte.

Wenig diskutiert wurde bisher auch darüber, dass die USA in ihrem Vorgehen gegen die Pandemie Nachahmer in verschiedenen Ländern, besonders in Südamerika, gefunden haben.

Dem Präsidenten Brasiliens, J. Bolsonaro, dienten die USA – besser sein bisheriger Präsident, D. Trump, - bei der Bekämpfung der Pandemie durchaus als Vorbild. Obwohl das Land mit 160.000 die zweitmeisten Todesopfer weltweit zu beklagen hat, zählen für den Präsidenten die Empfehlungen von Wissenschaftlern und Ärzten wenig. So ist es vor allem den Gouverneuren zu verdanken, dass das Gesundheitswesen des Landes der Pandemie im Wesentlichen standgehalten hat. So wurden in den meisten Bundesstaaten schon im April weitgehende Einschränkungen verhängt; seit dem Höhepunkt der Pandemie im Juni und Juli (mit 40.000 Neuansteckungen und 1000 Todesfällen am Tag) haben sich die Zahlen inzwischen etwa halbiert.

Es gilt weiterhin de facto landesweite Maskenpflicht, Restriktionen gibt es auch für den Schulunterricht.

Die finanziellen Stützungsmaßnahmen werden sich für 2020 in Brasilien auf etwa 90 Mrd. Euro belaufen. Immerhin handelt es sich dabei mehrheitlich um finanzielle Direkthilfen für Arbeitslose und informell Beschäftigte.

In echt populistischer Manier hat das gerade dem Corona-Leugner J. Bolsonaro in den unteren Einkommensschichten Popularität eingebracht.

## Asien zieht davon

In der Wirkung der Pandemiebekämpfung sind Europa und die USA weit hinter die Situation in den wichtigen asiatischen Ländern zurückgefallen.
In Asien ist die Verwunderung groß, wie Europa wieder unvorbereitet in die zweite Welle bzw. in den zweiten Lockdown stolperte. In diesem Lichte bleibt nicht viel vom Musterschüler Deutschland.

*Tabelle 2:*

**Internationaler Vergleich des Verlaufs der Corona-Pandemie 2020** (Stand 19.11.2020)[46]

| Land | Covid-Tote | Covid-Infizierte |
| --- | --- | --- |
| | je eine Million | |
| UK | 777 | 20777 |
| Italien | 769 | 20478 |
| USA | 748 | 34123 |
| Frankreich | 704 | 30648 |
| Deutschland | 158 | 10022 |
| Indien | 95 | 6492 |
| Australien | 35 | 1089 |
| Japan | 15 | 959 |
| Südkorea | 10 | 566 |
| Neuseeland | 5 | 344 |
| Singapur | 4 | 9938 |
| China | 3 | 64 |
| Thailand | 1 | 56 |
| Vietnam | 0,4 | 13 |
| Taiwan | 0,3 | 25 |

Paradoxerweise erleben gerade die Menschen in Asien aufgrund ihrer konsequenten Pandemiebekämpfung ein höheres Maß an persönlicher Freiheit als in Europa, das sich von einem Lockdown zum nächsten hangelt.

Dass die weitgehende Eindämmung der Pandemie in solchen Ländern wie China, Taiwan, Südkorea, Japan, Vietnam etc. nicht an einer konfuzianischen Untertanenmentalität liegt, beweisen Länder wie Australien und Neuseeland. Das zeigt, dass auch westliche Demokratien erfolgreich der Pandemie begegnen können.

Warum gelingt es also Europäern und Amerikanern nicht, was die Asiaten offensichtlich zu beherrschen scheinen?[47]

Die „Europäische Gesundheitsunion" der EU ist noch nicht einmal ansatzweise konzipiert. Bis heute gibt es keine europäischen Standards für Corona-Tests oder Quarantäneregeln. Die ECDC als EU-Zentrum der Seuchenbekämpfung hat nur ein Viertel der Mitarbeiter des RKI. Die EU hat gegenüber den Ländern in Fragen der Grenzen, Tests, eines Lockdowns oder der Ausstattung der Gesundheitsämter kaum etwas zu sagen. Dagegen plant China geopolitisch viel weiter.

In der Covid-Pandemie hat China seine ehrgeizige Infrastruktur-Initiative „Neue Seidenstraße" (Belt & Road, BRI) an die neue Realität angepasst, betont das Mercator Institute for China Studies Mitte November. Ein seit fast fünf Jahren propagiertes Konzept, die „Seidenstraße der Gesundheit" (Health Silk Road, HSR), soll verstärkt dazu beitragen, Schwächen der Gesundheitsinfrastruktur in Ländern entlang der BRI zu beheben. China erwies sich bereits bis jetzt als großzügiger Helfer in der Corona-Pandemie bis zur Impfstrategie, auch wenn damit über die Gesundheitspolitik politischer Einfluss gewonnen werden soll.

*China*

Chinas rigoroses Vorgehen auch unter Einsatz eines ausgefeilten digitalen Kontrollinstrumentariums hat tatsächlich eine weitgehende Normalisierung von Gesellschaft und Wirtschaft erreicht. Der Übergang in eine Nach-Corona-Zeit scheint gelungen zu sein. Chinas Wirtschaft trägt in erheblichen Umfang zur Stützung der Volkswirtschaften vieler von der Pandemie betroffener Länder einschließlich der Deutschlands bei. Bei der Nachverfolgung von auftretenden Neuinfektionen auch in ganz geringem Umfang lässt man keinen Schlendrian zu.
Nachdem sich beispielsweise in der Stadt Qingdao im Oktober 2020 13 Personen in einem Krankenhaus mit dem Coronavirus infiziert hatten, wurden alle zehn Millionen Einwohner innerhalb kürzester Zeit getestet. Diese unzweifelhaften Erfolge bei der

Virusbekämpfung werden von der Bevölkerung offensichtlich goutiert und stärken das Ansehen von Partei und Regierung.[48]

Man kann das Vorgehen der chinesischen Behörden als diktatorisch beklagen und sich davon distanzieren. Man sollte dann aber auch nicht vergessen, dass wir wirtschaftlich ganz massiv davon profitieren. Eine demokratischere, rechtsstaatlich begründete Pandemiebekämpfung nach westlichem Muster kann sich offensichtlich sehr in die Länge ziehen und wiederholte Lockdowns notwendig machen. Deren Lasten, Schäden, Zerstörung von Existenzen und Wohlstandsverlusten, die in der Regel dann auch noch sozial ungleich verteilt sind, können ganz erheblich sein.

Eine simplifizierte Gegenüberstellung der Corona-Strategien führt nicht sehr weit.

Als maßgebliche Erfolgsfaktoren der chinesischen Strategie bzw. des „asiatischen Ansatzes" gelten aber folgende Punkte:[49]

1.  **Schnelle Reaktion**
    Auch wenn China erst spät die Tragweite des Ausbruchs in Wuhan durch örtliche Versäumnisse verstand, steht das schnelle Reagieren auf neue Ausbrüche nunmehr landesweit und in allen asiatischen Staaten an erster Stelle. Besonders Taiwan hat schon im Dezember 2019 seine Pandemiepläne in Kraft gesetzt, ähnlich wie Vietnam,

belehrt durch die ersten SARS-Ausbrüche 2003. Dagegen haben alle Beteiligten in Deutschland auf den Erstausbruch von Covid-19 in Bayern sträflich lange gebraucht, um ernsthafte Maßnahmen einzuleiten.

2. Die **Hygieneregeln** insbesondere das bei uns lange umstrittene Tragen von Masken, werden schon viel länger akzeptiert und selbstverständlich praktiziert. Es ist Pflicht im öffentlichen Raum und wird staatlich kontrolliert. Verstöße gegen das Tragen von Alltagsmasken sind gesellschaftlich darüber hinaus geächtet, weil schon lange vor Beginn der Pandemie in vielen öffentlichen Verkehrsmitteln nicht zuletzt auf Grund der vielen höheren Dichte üblich. Im Gegensatz zur Praxis bei uns, herrscht dabei auch viel größere Selbstdisziplin.

3. Die **Quarantänen** oder **Selbstisolationen** wurden weit strenger und rigoroser durchgeführt als bei uns. Das ging gerade in Wuhan oder der Provinz Hubei bis zur Versiegelung von Wohnungstüren oder Transfers in ein Hotelzimmer bzw. auch eilig eingerichtete Notquartiere. Die Kontrolle über Einhaltung der Quarantäne übernahmen in China nicht nur Nachbarschaftskomitees, sondern auch speziell installierte Kameras. Was bei uns undenkbar wäre, ging sogar bis zur Isolation von Kindern ohne die Eltern.

4. Die Chinesen setzen konsequent auf **elektronische Hilfsmittel zur Kontrolle des Geschehens**, angefangen von Corona-Warn-Apps bis zu automatischem Messen der Körpertemperatur in vielen Gebäuden, öffentlichen Verkehrsmitteln usw. Jeder Chinese muss sich mit der Corona-App bei Betreten eines Lokals registrieren und Bezahlvorgänge erfolgen praktisch nur per Smartphone. Der Einsatz von High-Tech-Kameras wird überall akzeptiert und das Nachverfolgen von Aufenthaltsorten digital wie analog ist die Regel.

5. Während in Deutschland nach wie vor **flächendeckendes Testen** nicht möglich ist, kann sich in China jeder zum Preis von 120 Yuan (ca. 15 Euro) testen lassen. Die Ergebnisse liegen nach spätestens 24 Stunden vor. Die Testkapazitäten wurden massiv ausgebaut und werden auch mobil flexibel eingesetzt, wie zuletzt etwa in der bekannten Hafenstadt Qingdao oder im westchinesischen Kashgar.

6. **Einreisen ohne negativen Corona-Test** plus Antikörpertest nach China sind nicht möglich.

Als bedenkenswerte Erfahrungen aus China und anderen asiatischen Ländern können gelten, dass[50]

- Freiwilligkeit allein nicht ausreicht und Halbherzigkeit sehr gefährlich ist. Konsens bei der Pandemiebekämpfung kann dann mit mehr oder weniger Zwang durchgesetzt (wie in China) und /oder mit schnellem Handeln und transparenter Kommunikation und damit frühem Vertrauen hergestellt werden. Da ist schon die Frage, warum die Einigkeit in Deutschland im Sommer 2020 abhandengekommen ist;
- der Maßnahmenkatalog sehr konsequent sein und sich auf die kritischen Faktoren konzentrieren muss (Japan: sofortige Isolation von Großclustern; Südkorea: Infektion wird wie Kriminalfall behandelt mit Überprüfung von Kreditkartenabrechnungen und Nutzung von Überwachungskameras u. a.; Taiwan: Erfassung Reisedaten und deren Abgleich mit Gesundheits- und Handydaten). Quarantäne bedeutet in Asien wirklich Quarantäne, ein abgestuftes, kontrolliertes Quarantänesystem gilt in Asien als zwingend notwendig für die Corona-Eindämmung (erstmals erprobt in Wuhan; hier stellte man fest, dass der Lockdown die Verbreitung des Virus zwar verlangsamte, aber nicht unter die Reproduktionszahl 1

drückte; erst die kontrollierte Quarantäne brachte die Wende).

- Grenzschließungen mit Bedacht und zur rechten Zeit, nicht aus verspätetem Aktionismus, eingesetzt werden müssen.


*Japan, Südkorea, Taiwan, Singapur*

Auch Japan gehört zu den ostasiatischen Ländern, die weitaus besser durch die Covid-Pandemie gekommen sind als der Westen. Mit rd.145.000 registrierten Infektionen und 2.100 Todesfällen im November 2020 nimmt das Land quasi einen Spitzenplatz im weltweiten Corona-Ranking ein. Die bisherigen zwei Infektionswellen (April, Juli/August) hat das Land gut durchgestanden.

Charakteristisch für die Maßnahmen ist eine Art freiwilliger Lockdown im Frühjahr gewesen, der nicht auf Verboten, sondern auf Empfehlungen und Bitten der Regierung beruhte. Das funktionierte nur wegen des sehr hohen Maßes an Bereitschaft der Bürger, sich eigenverantwortlich zu schützen. Das Maskentragen ohne Zwang ist selbstverständlich.

Ganz ähnliche Erfolge können andere Länder wie Südkorea oder Taiwan vorzeigen. Man hört wenig oder gar nichts mehr über die Pandemie.

Auch in dem Stadtstaat Singapur mit 6,2 Millionen Einwohnern und demokratischer Regierung gelten strenge Kontrollen, um die Pandemie in den Griff zu bekommen. Es gilt nicht nur eine behördlich streng kontrollierte Maskenpflicht, sondern wo immer man sich hinbewegt muss ein QR-Code gescannt werden, um die Bewegungsprofile nachvollziehen zu können. Großveranstaltungen sind untersagt, die Einreisebestimmungen sind sehr streng und wer aus Risikogebieten kommt, muss 14 Tage in Quarantäne, allerdings elektronisch überwacht. Entsprechend gering sind die Neuinfektionen.

Fragt man nach den tiefer liegenden Unterschieden in den Strategien zur Pandemiebekämpfung in Asien und Europa/Nordamerika, dann stößt man auf zwei gegensätzliche Ansätze.[51] Das von asiatischen Ländern bevorzugte Herangehen ist ein entschlossenes Ausmerzen des Virus („Unterdrückungsmodell"), eine konsequente Unterbindung von Neuinfektionen.
In Europa wird dagegen „nur" eine mehr oder weniger konsequente Eindämmung des Virus praktiziert, die sich eher an der Nachverfolgbarkeit und den jeweiligen Ressourcen des Gesundheitswesens orientiert und damit ein bestimmtes „tolerierbares" Fallzahlenniveau zulässt, auch weil man vor zu rigorosen Restriktionen zurückschreckt. Hier droht immer ein Kontrollverlust, der wieder durch einen harten Lockdown aufgefangen werden muss, wie das in den meisten europäischen Ländern im Verlaufe von 2020 auch der Fall gewesen ist.

Um sich nicht mit möglichen Vorzügen der asiatischen Strategien auseinandersetzen zu müssen, werden deren Erfolge gern mit Verweisen auf die Autokratie, Insellagen etc. abgetan.

„Die intuitive Polemik gegen das autoritäre Regierungssystems Chinas und das hartnäckige Ausblenden der asiatischen Erfolgsmodelle lassen sich am besten mit dem Begriff des epidemischen Orientalismus erklären. Er beschreibt eine Geisteshaltung, die jegliches Lernen vom Gegenüber ausschließt, weil das orientalische Andere als fremd und minderwertig gilt. Asien kann somit niemals als Vorbild, sondern nur als Folie für die ideologische Abgrenzung dienen.“[52]

Die Fehlschläge europäischer COVID-19-Bekämpfung haben viel mit diesen Vorurteilen und dem Habitus der Überlegenheit zu tun. Hier liegen wesentliche Gründe, warum wir auch in Deutschland beim zweiten Lockdown und seiner Verlängerung angelangt sind.

*Indien*

Das Land verzeichnet nach den USA die meisten Corona-Infektionszahlen weltweit, auch wenn ab September 2020 die täglichen Neuinfektionen zurückgegangen sind. Offiziell wies Indien Ende November etwa 9,4 Mio. Infizierte aus; die Dunkelziffer dürfte aber etwa das Zehnfache betragen. Die

Todesfälle wurden mit 137.000 angegeben. Das wäre im Verhältnis zur Bevölkerungsgröße (rd. 1,4 Mrd.) eher gering und hängt sicherlich auch mit der jungen Altersstruktur zusammen. Nicht zu übersehen ist, dass die Pandemie und die dagegen eingeleiteten Maßnahmen besonders die Armen treffen, da sich das Gesundheits- und Sozialsystem des Landes klar überfordert zeigte.

Selbst in Indien, das mit der hohen Zahl an Infektionen das Land mit den meisten Corona-Fällen nach den USA ist, scheint man den Höhepunkt der Pandemie überwunden zu haben. Von September auf Oktober 2020 gingen die täglichen Neuinfektionen von 90.000 auf etwa 50.000 Fälle zurück.

Trotzdem bleiben natürlich Zweifel an den Zahlen, die wohl tatsächlich höher liegen dürften wie Antikörperstudien zeigen.[53]


## EU und die Corona-Pandemie

Wenn Europa nun leider zum Epizentrum der Pandemie geworden ist, dann wäre zu vermuten, dass die EU nun einen Schritt nach vorne tut, um sich wirkungsvoller als während der ersten Welle der Pandemie entgegenzustellen.

Das damalige schwache und zerstrittene Bild der Gemeinschaft war u. a. gekennzeichnet durch nicht abgestimmte Grenzschließungen, einen allseits verbreiteten Mangel an Schutzmaterialien, der zu Ausfuhrverboten zugunsten von nationalen Gesundheitssystemen führte. Hinzu kam ein unsägliches Feilschen um ein finanzielles Hilfsprogramm zur Überwindung von Pandemiefolgen in Wirtschaft und Gesellschaft in den Mitgliedsländern. Der schließlich erreichte Kompromiss für einen „Aufbaufonds" über insgesamt 750 Mrd. Euro harrt immer noch der praktischen Umsetzung, da er mit umstrittenen Modalitäten („Rechtsstaatsmechanismus") für den gleichzeitig beschlossenen EU-Haushalt 2021-2027 verknüpft worden ist.

Die Ironie ist, dass Belgien und insbesondere Brüssel zu einem der gefährlichsten Orte in Europa geworden ist, die Gemeinschaftsinstitutionen dadurch ihre Arbeit ganz erheblich einschränken mussten.

Unabhängig davon leidet die EU immer noch bzw. wieder an altbekannten Schwierigkeiten bei der Durchsetzung einer abgestimmten Strategie.

Das beginnt schon beim Datenaustausch, wo immer noch nicht alle Mitgliedsstaaten eine von der Kommission geschaffene Plattform dafür nutzen, die beispielsweise die EU-Infektionsschutzbehörde darin unterstützten soll, ein Ampelsystem zum Infektionsgeschehen in den Mitgliedsländern einzurichten.

Die Kompatibilität von nationalen Corona-Apps lässt ebenfalls sehr zu wünschen übrig, was den Austausch von Warnmeldungen aus diesen nationalen Apps zur Kontaktverfolgung einschränkt. Bis

Ende Oktober 2020 konnten nur Deutschland, Irland und Italien Warnmeldungen untereinander austauschen.

Auch der Entwicklung eines gemeinsamen Formulars für Reisende („Passenger Locator Form") scheinen unüberwindliche Hindernisse entgegenzustehen.

Wesentlich wichtiger sind aber zwei Schwerpunkte einer Abstimmung innerhalb der EU. Das ist einmal eine wirksamere Koordination bei den Test- und Impfstrategien. Das betrifft zunächst einmal das Vorgehen bei den sogenannten Antigen-Schnelltests, wo die Gefahr eines Wettlaufs zwischen Mitgliedsländern besteht, der die wirtschaftlichen Unterschiede zwischen den Staaten vergrößern könnte. Eine gleichmäßigere Verfügbarkeit solcher Tests in den Mitgliedsländern über EU-Finanzhilfen bzw. eine von Brüssel orchestrierte Verteilung auf die Gemeinschaft könnte dem entgegenwirken.

Schließlich ist das sensibelste Problem zweifellos dann die Frage der Verfügbarkeit eines Impfstoffes, die die EU durch Vorverträge mit Pharmaunternehmen zu entschärfen versucht, um einen breiten Zugang durch den Erwerb großer Mengen an entsprechenden Impfdosen zu erreichen.[54]

Durch die Ankündigung der Firmen BionTech und Pfizer, in Kürze über einen wirksamen Impfstoff zu verfügen, ist diese Frage noch akuter geworden. Kandidaten für Impfstoff-Lieferungen in die EU sind auch die US-amerikanische Firma Moderna und das britische Unternehmen Astra-Zeneca.

Es bleibt zu hoffen, dass die Herausforderungen der Corona-Pandemie Entwicklungen in der EU hin zu einer „Gesundheitsunion" voranbringen können.[55] Denn bislang hatte die EU in Fragen der Gesundheitspolitik wenig zu sagen.

Für eine „Gesundheitsunion" bräuchte es aber zusätzlicher europäischer Kompetenzen. Das soll über eine neue Verordnung für „schwerwiegende grenzüberschreitende Gesundheitsgefahren" vorangebracht werden. Hier sind in der Diskussion

- Ein **Vorsorgeplan** für die ganze EU, aufbauend auf verpflichtenden nationalen Bereitschaftsplänen,
- **Zentrale Überwachung** der Gesundheitslage in allen Mitgliedsländern,
- Berichte zu ausgewählten **Gesundheits-Indikatoren** in den Ländern (Beispiel: freie Kapazitäten in der Intensivpflege),
- Möglichkeit der Ausrufung eines **Gesundheitsnotstand**es (z. B. für koordinierten Einkauf von Hilfsgütern),
- Aufbau einer **EU-Taskforce** für Pandemien.

Wogegen die EU aber offensichtlich kein Mittel weiß, das ist die Abwanderung von Ärzten aus östlichen Mitgliedstaaten in den Westen der Gemeinschaft. Das ist gerade unter den Bedingungen und Anforderungen der Corona-Pandemie ein gravierendes Problem, wo die Verfügbarkeit von Personalressourcen nahezu überall zu einem neuralgischen Punkt geworden ist.

Aus Tschechien, das in der zweiten Welle besonders hart getroffen worden ist, wandern beispielsweise jährlich etwa 20 Prozent der Absolventen der medizinischen Fakultäten ins Ausland ab, vorrangig nach Großbritannien und Deutschland.

Das beschleunigt die Überalterung des Personals im Gesundheitswesen des Landes, eine für die Pandemiebekämpfung ungute Entwicklung.

Ähnlich stellt sich die Situation in der Slowakei dar. Hier schätzt man, dass etwa zwanzig bis dreißig Prozent der Medizinabsolventen ins westliche Ausland abwandern.

Wenn dann durch die Anwerbung ukrainischer Ärzte diesem Verlust an medizinischem Personal entgegengewirkt wird, dann verlagert sich das zugrundeliegende Problem nur weiter nach Osten.[56]


## Fehlende Innovation in der Krise


Bei aller Anerkennung des Krisenmanagements der Bundesregierung und der Bundesländer bleibt ein Fakt unübersehbar, der große Mangel an innovativen Antworten auf die Krise.

Das Hauptaugenmerk galt und gilt bisher der Suche nach einem wirksamen Impfstoff, auf den im nächsten Abschnitt näher eingegangen wird.

Woran es dagegen fehlt, ist ein innovationstheoretisch fundierter strategischer Ansatz, wie in allen wichtigen Bereichen der Krise begegnet werden kann.

Das beginnt zuallererst mit der Frage nach *politischen* Innovationen, die diesen Namen auch verdienen. Bisher herrschte ein Wirrwarr an Festlegungen und Maßnahmen ohne ausreichende gesetzliche Grundlagen in Verbindung mit einer Missachtung der Parlamente. Der Versuch, diese Lücke mit einer Ergänzung des Infektionsschutzgesetzes im November 2020 zu schließen, kann nicht unbedingt als gelungen angesehen werden.

Der Ausnahmezustand wird so als „Neue Normalität" zementiert wie im neuen Paragraphen 28a des Infektionsschutzgesetzes ausgeführt wird.[57]

Wichtige im Grundgesetz verankerte Grundrechte könnten dann im Namen der Gesundheit außer Kraft gesetzt werden, auch mit Unterstützung der Bundeswehr und bis in den privaten Bereich hinein.

Im Namen der Gesundheit wird hier ein tendenziell totalitäres Gesundheitsregime installiert, das wesentliche Rechte auf unbestimmte Zeit suspendieren kann, die in der Verfassung festgeschrieben sind.

Die Corona-Gegner greifen das explizit an und protestieren vor allem dagegen, was oft im Zuge der ungenügenden Einhaltung der AHA-Regeln bei solchen Demonstrationen und durch Verweise auf die Teilnahme von Rechtsextremen an Corona-Demonstrationen verwischt wird.

Reale politische Innovationen sehen anders aus. Sie müssten Grundfragen des föderalen Systems, der Zuständigkeiten bis zu den Gesundheitsämtern, Landräten und Bürgermeistern der Orte und Gemeinden etc. neu regeln.

Aber davon keine Spur; dagegen werden der Bevölkerung Kataloge verschiedenster Verbote offeriert, wie die Forderungen:[58]

a) sich bei jedem Erkältungssymptom und insbesondere Krankheitssymptomen der Atemwege, zum Beispiel bei Husten oder Schnupfen unmittelbar nach Hause in Quarantäne zu begeben und auch dort Distanz zu anderen Mitgliedern des Hausstandes und insbesondere zu Risikogruppen im Haushalt zu wahren. Dort soll man fünf bis sieben Tage bis zum Abklingen der Symptome verbleiben. Die Krankschreibung soll telefonisch durch den Hausarzt erfolgen zunächst ohne Präsenzbesuch in der Praxis. Dieser bespricht mit Betroffenen auch, ob die Krankheitszeichen, insbesondere bei Fieber oder der Beeinträchtigung von Geruchs- oder Geschmackssinn, so relevant sind, dass eine Testung, Untersuchung oder eine weitergehende Behandlung erforderlich sind;

b) auf private Feiern möglichst zu verzichten bzw. nur bei begrenzter Personenzahl durchzuführen, wobei diese Zahl immer wieder „fließend" ist;

c) Kinder und Jugendliche dazu anzuhalten, sich nur noch mit einem festen Freund oder einer festen Freundin in der Freizeit zu treffen;

d) private Zusammenkünfte mit Freunden und Bekannten auf einen festen weiteren Hausstand zu beschränken;

e) auf freizeitbezogene Aktivitäten und Besuche in Bereichen mit Publikumsverkehr sowie nicht notwendige private Reisen und touristische Tagestouren gänzlich zu verzichten;

f) auf nicht notwendige Aufenthalte in geschlossenen Räumen mit Publikumsverkehr oder nicht notwendige Fahrten mit öffentlichen Beförderungsmitteln zu verzichten;

g) Besuche insbesondere bei älteren und vulnerablen Personen nur dann zu unternehmen, wenn alle Familienmitglieder frei von jeglichen Krankheitssymptomen sind und sich seit mindesten einer Woche in keine Risikosituationen ohne Einhaltung der AHA-L-Regeln oder mit größerer Personenzahl begeben haben.

Dieser explizite Forderungskatalog steht in einem merkwürdigen Kontrast zur Situation bei der überwiegenden Zahl von Gesundheitsämtern im Land, die technisch überhaupt nicht so aufgerüstet sind, dass sie dem Infektionsgeschehen gewachsen sind. Mit anderen Worten, Deutschland als ein Hochtechnologieland hat noch nicht einmal jene (auch schon verfügbaren) *technischen Innovationen* implementiert, die für die Pandemiebekämpfung den entscheidenden Unterschied machen könnten.

So sieht man nach einem halben Jahr fast wörtlich, dass in der „neuen Normalität", wenig geschehen ist.[59]

Um die engagierten Beschäftigten in den Gesundheitsämtern vor Ort bei ihrer wichtigen Arbeit in dieser Pandemie von unnötigem Aufwand zu entlasten, hat der Bund mit Partnern immerhin schon in begrenztem Umfang digitale Werkzeuge für die tägliche Arbeit (weiter-) entwickelt, auch in Umsetzung der geltenden Datensicherheits- und datenschutzrechtlichen Anforderungen.

Bei bundesweit über 400 Gesundheitsämtern sieht es aktuell so aus:

a) SORMAS (Surveillance Outbreack Response Management and Analysis System) zum besseren Management der Kontaktpersonen und Kontaktketten ist aktuell nur bei 71 Gesundheitsämtern eingerichtet;

b) ein digitales Symptomtagebuch zur viel weniger
arbeitsaufwendigen und ressourcenschonenden
Betreuung und Verwaltung der isolierten und
sich in Quarantäne befindlichen Personen soll
nun Zug um Zug in SORMAS integriert werden
(aktuell bei 17 Gesundheitsämtern eingerichtet);

c) CovBot als KI-gestützter Telefonassistent soll zu
einer relevanten Entlastung der Telefonleitungen
der Gesundheitsämter führen (aktuell bei drei Gesundheitsämtern eingerichtet) sowie

d) die stark beschleunigte Umsetzung von DEMIS
(Deutsches Elektronisches Melde- und Informa-
tionssystem für den Infektionsschutz) zur siche-
ren, schnellen und bundeseinheitlichen digitalen
Meldung und Informationsverarbeitung positiver
SARS-CoV-2-Erregernachweise (aktuell bei 347
Gesundheitsämtern eingerichtet, von 148 aktiv
genutzt).

Der Bund hat diese digitalen Angebote den Gesundheitsämtern bereits über verschiedene Wege vorge-
stellt, zuletzt durch eine Videokonferenz des Bun-
desministers für Gesundheit mit allen interessierten
Gesundheitsämtern. Gleichwohl besteht in der Nutzung der digitalen Angebote noch erhebliche Luft
nach oben. Ziel von Bund und Ländern ist es, dass
bis Ende des Jahres 2020 zumindest bei SORMAS

und DEMIS eine Nutzerrate von über 90 Prozent erreicht wird.

Die GMK soll der MPK bis zum 15.01.2021 über den jeweils in den Bundesländern erreichten Umsetzungsstand berichten.

Die Zahlen sprechen Bände darüber, wie sich technische Innovationen mit moderner Software bei der Pandemiebekämpfung praktisch durchsetzen. Insgesamt verläuft das viel zu schleppend und durch das föderale System bedingt auch immer auf freiwilliger Basis. Auch hier wirken sich die Versäumnisse des Sommers sehr negativ aus, denn die jetzige operative Überlastung der Gesundheitsämter macht neue Software-Installationen fast unmöglich.

Ganz ähnlich steht es um technische Innovationen in anderen Bereichen, die zum Beispiel innovative Lösungen des Lüftens statt 20-minütige Fensteröffnungsaktionen in Schulen und öffentlichen Gebäuden unterstützen könnten. Statt technischer Neuerungen wird das Tragen dickerer Pullover, von Mützen und Schals in Schulen empfohlen! Dass es auch anders ginge, beweist das Karlsruher Institut für Technologie, KTI. Hier wurde ein Aerobuster entwickelt, der die gefährlichen Aerosole technisch aus der Luft filtert. In der Pressemitteilung heißt es:[60]

„Aerosole spielen eine wichtige Rolle bei der Verbreitung von Covid 19. Beim Atmen, Sprechen oder Husten verbreiten sich die winzigen mit Corona-Viren beladenen Tröpfchen in Innenräumen. Besonders betroffen sind Einrichtungen wie Schulen, Kindergärten, Uni-Hörsäle, Arztpraxen oder Restaurants. Eine effektive, sichere und vor allem schnell verfügbare Lösung haben jetzt Wissenschaftlerinnen und Wissenschaftler am Karlsruher Institut für Technologie (KIT) entwickelt. Der Aerobuster ist einfach, kompakt, und kann sehr effektiv Viren und andere Krankheitserreger aus der Raumluft inaktivieren.

Dabei ist der Aerobuster mit einem hohen Luftdurchsatz extrem leistungsstark und hat deutlich niedrigere Anschaffungskosten als handelsübliche Luftreinigungsgeräte", sagt Professor Horst Hahn, Leiter des Instituts für Nanotechnologie des KIT und einer der Erfinder des Aerobusters.

Simulationen der Aerosolbewegungen in einem durchschnittlichen Klassenzimmer mit 20 Schülern belegen, dass durch den Aerobuster die Konzentration aktiver Viren in der Raumluft drastisch gesenkt und so die Ansteckungsgefahr dauerhaft erheblich vermindert werden kann.

Eine solche *technologische Innovationsinitiative* im Kampf gegen das Virus fehlt bisher genauso wie *organisatorische Innovationen* inklusive *sozialer Innovationen*.

Das Management der Corona-Krise hat sich zu einseitig auf die administrative Seite eines exklusiven exekutiven Entscheiderkreises konzentriert. Dazu gehört auch, dass sich vom reinen Informations- und Kommunikationsfluss her eine merkwürdige Praxis durchsetzt: Die Medien wissen sogar schon vor den Parlamentariern, was beschlossen werden soll und bereiten die Bevölkerung praktisch darauf vor, bevor in einem parlamentarischen Prozess die Zustimmung erfolgt.

Die Politik tut überrascht, wenn sich in wachsendem Maße Empörung und Unmut über diese Vorgehensweise vor allem im privaten Bereich ausbreiten.
Die vielbeschworenen demokratischen Rechte und Grundwerte können nicht einfach durch immer neue Verschärfungen von Gesetzen, Anordnungen Bestimmungen ausgehebelt werden. Die bisher dominante Verbotspolitik zeigt keine Perspektive des Neuanfangs. Der Verweis auf vierzehntägige neue Abstimmungsrunden reicht nicht zum erfolgreicheren Umgang mit der Pandemie, wie ja die Zahlen selbst beweisen.

## Die Impf-(Er-)Lösung

Von Anfang an wurde und wird große Hoffnung auf die Entwicklung eines Impfstoffes gelegt, der die Pandemie besiegen soll, obwohl auch hier viele Impfgegner grundsätzliche Zweifel hegen. Daher wird regierungsseitig auch immer wieder betont, dass die Impfung freiwillig erfolgen soll.

Zunächst verblüffte Russland die Welt im Sommer 2020 mit der Bekanntgabe, dass es gelungen sei, einen wirksamen Impfstoff „SputnikV" erfolgreich nach nur zwei Monaten zu testen. Der Wirksamkeit und vor allem dem ordnungsgemäßen Testen glaubte man allerdings in vielen westlichen Medien nicht.

Die für den Herbst versprochene Massenimpfung blieb bislang allerdings auch in Russland aus und inzwischen wurden weitere Erfolge vermeldet. Der zweite Impfstoff wurde laut Präsident Putin im Forschungszentrum „Vektor" in der sibirischen Großstadt Nowosibirsk entwickelt und trägt den Namen „EpiVacCorona".[61]

Weitere Impfstoffe befinden sich in der Entwicklung, meinte der Kremlchef. Das neuste Serum wird derzeit am Tschumakow-Forschungszentrum der Russischen Akademie der Wissenschaften getestet. International haben Wissenschaftler erhebliche Bedenken gegen „Sputnik V" geäußert, weil das Serum noch vor Abschluss wichtiger Tests registriert wurde. Russische Wissenschaftler haben diese Kritik jedoch zurückgewiesen und behaupten, der Impfstoff erzeuge Immunität und habe keine schwerwiegenden Nebenwirkungen.

International machte dann vor allem der von den Firmen BionTech aus Mainz und Pfizer aus den USA vorgestellte Impfstoff Schlagzeilen, der nach ausreichenden Tests mit etwa 95 prozentiger Wirksamkeit schon bald eingesetzt werden soll. Allerdings sind zunächst spezielle Impfzentren notwendig, da eine hohe Kühlung bei minus 70 Grad Spezialanforderungen stellt.

Dennoch wurde allein die Ankündigung schon riesig gefeiert, auch wenn warnende Stimmen Probleme beim Impfen sehen, etwa wenn Alten-oder Pflegeheimbewohner zur Impfstation gebracht werden müssen oder die Rang- und Reihenfolge der zu Impfenden festzulegen ist, weil längst nicht alle auf einmal geimpft werden können, noch dazu, wenn Hausärzte ausgeschlossen werden müssen auf Grund fehlender technischer Voraussetzungen der notwendigen Tiefkühlung.[62]

Schon kurz nach der Firma BionTech kündigte die US-Firma Moderna einen weiteren neuen Corona - Impfstoff an. Er basiert - wie das BionTech-Produkt – auf der neuartigen Messenger-RNA-Technologie (mRNA). Das von Moderna in einer großen Studie getestete Vakzin zeigte demnach eine Wirksamkeit von 94,5 Prozent – und damit ähnliche Resultate wie der Impfstoff von BionTech.[63] Als dritter aussichtsreicher Impfstoffkandidat gilt das Vakzin von Astra-Zeneca/Universität Oxford, ein Vektorimpfstoff mit einer etwas niedrigeren Wirksamkeit (in Abhängigkeit von der Dosierung), aber robust gegen Temperaturen und einfach in der Handhabung. Alle diese Impfstoffe könnten in Kürze zugelassen werden.[64]

Damit zeichnet sich ab, dass noch vor Jahresende zumindest in den USA mehrere Impfstoffe verfügbar sein werden. Ähnlich optimistisch tritt Bundesgesundheitsminister Spahn auf. Bei uns in Deutschland wird sogar mit sechs Neuzulassungen von Impfstoffen gerechnet.

„Funktionierende Impfstoffe sind der politische und epidemiologische Zielpunkt der Pandemiebekämpfung. Das Versprechen lautet: Wenn ein Großteil der Deutschen erst geimpft ist, soll das Land zur Normalität zurückkehren können. Zwei Drittel der Bevölkerung müssten einen Impfschutz bekommen, um Herdenimmunität zu erreichen – mit dieser Größenordnung wird in Berlin kalkuliert. Eine enorme logistische Herausforderung: Es geht um 55 Millionen Menschen, für die Impfstoffe beschafft und in der ganzen Republik verteilt werden müssen."[65]
Realistischer Weise muss gesagt werden, dass dafür in einem kürzeren Zeitpunkt keine Voraussetzungen gegeben sind. Der Chef der ständigen Impfkommission am RKI geht davon aus, dass eine solche Maßnahme nicht vor 2022 abgeschlossen wäre. Dabei wird immer noch eine sehr hohe Impfbereitschaft unterstellt.
Das ist im Zusammenhang damit zu sehen, dass serologische Untersuchungen von Blutspenden auf Antikörper gegen SARS-CoV-2 nur einen relativ geringen Nachweis solcher Antikörper ergeben haben, dass also ein Großteil der Bevölkerung weiterhin für eine Infektion empfänglich ist. Im Rahmen

des Anstiegs der Infektionszahlen in der zweiten Welle könnte deshalb immer noch ein großer Teil der Bevölkerung infiziert werden.[66]

Schließlich beginnt schon vor dem endgültigen Ergebnis der übliche Verteilungskampf um wirksame Vakzine. Eine faire weltweite Verteilung von knappen Impfstoffen muss bezweifelt werden.[67] In der EU schlossen sich Deutschland, Frankreich, Italien und die Niederlande zusammen, um eine Einkaufsallianz zu bilden. Die USA arbeiten mit Großbritannien schon länger bei der Beschaffung des Impfstoffes im Sinne von Advance Purchase Agreements zusammen. Spahn erklärte, dass bis zu 100 Millionen Impfdosen für Deutschland gesichert werden sollen.

Angesichts der hohen staatlichen Fördermittel für die Impfstoffentwickler Curavec, BionTech und IDT Biologica (750 Mill. Euro) kann der Steuerzahler das auch erwarten.

Wie die Detailpläne bei einer so hohen Forschungsförderung aussehen, bleibt geheim. Auch die eigentliche Impfstrategie ist nur grob in Phasen der „Verimpfung" gegliedert. Sie reichen von 1A für besonders gefährdete Gruppen über Zentralstellen, über 1B mit mehr Impfstoffen durch Zentralverteilung an 60 Impfzentren. Wie das tatsächlich funktionieren wird, bleibt abzuwarten, ebenso der Übergang in die Phase 2, einer Art Routine des Impfens über die

Arztpraxen, evtl. auch Apotheken oder Betriebsärzte.

Die gerechte Verteilung knapper Impfstoffe wirft viele ethisch-moralische Fragen auf, ähnlich der Triage bei der Zuteilung von Intensivbetten im Überlastungsfall der Krankenhäuser.

Es ist selbstverständlich, dass keine Regierung Interesse daran hat, hier der Klientelbedienung bezichtigt zu werden. Es ist aber auch klar, dass großes Konfliktpotential besteht.[68]

## Zankapfel Schulen

Kaum ein Thema beschäftigt so viele Menschen in der Pandemie wie der Umgang mit Kindern und Lernenden in den Schulen des Landes. Nach den Erfahrungen des Lockdowns im Frühjahr fürchteten die Regierenden den allgemeinen Zorn der Betroffenen bei erneuten Komplettschließungen. Daher wurde bereits vor Beginn des erneuten partiellen Lockdown Ende Oktober 2020 betont, dass diesmal Schulen und Kindergärten in jedem Fall offenbleiben sollten.

Dahinter steckt unseres Erachtens aber nicht nur die Sorge um den Bildungsstand und die Sozialkontakte der Kinder, sondern auch die Besorgnis vor den wirtschaftlichen Verlusten, wenn ein hoher Anteil von Erziehungsberechtigten zwangsweise zu Hause bleiben muss, um ihre Kinder zu betreuen. Hinzu kommt, dass sich viele Eltern von den Lehraufgaben selbst überfordert fühlen und schon von daher kaum Interesse am Homeschooling besteht. Abgesehen davon wäre bei der Mehrzahl der Schulen in Deutschland aufgrund einer nicht funktionierenden Digitalisierung ein guter Hybridunterricht im Wechsel zwischen digitalem und analogem Lernen auch gar nicht möglich.

In der Frage, welche Rolle die Schulen denn beim Infektionsgeschehen spielen, hat sich quasi ein Richtungsstreit zwischen zwei Standpunkten entwickelt. Da die Ergebnisse wissenschaftlicher Studien hier widersprüchlich sind, zitiert jede Seite die ihr genehmen Ergebnisse.[69]

Wer für das Offenhalten der Bildungseinrichtungen ist, wie begreiflicherweise die verantwortlichen Kultusministerien der Länder, verweist auf eine kürzlich veröffentlichte Studie aus verschiedenen deutschen Kinder- und Jugendkliniken, die eine relativ geringe Dunkelziffer der Erkrankungen bei Kindern angibt. Auch eine Studie an Schulen Sachsens gibt eine niedrige Positivrate bezüglich überstandener Corona-Infektionen an, wobei der Untersuchungszeitraum allerdings vor den Herbstferien lag, wo die Infektionen in Sachsen insgesamt noch sehr niedrig lagen.

Wer zur Risikominderung bei Schülern auf Wechselunterricht setzt, findet Bestätigung in internationalen Studien insbesondere kürzlich durch australische Wissenschaftler, die in einer Veröffentlichung in der Fachzeitschrift Lancet feststellten, dass der Anstieg des R-Wertes mit der Öffnung von Schulen einhergeht.

Hier wird am Beispiel des Bildungsbereichs erneut deutlich, dass die Strategie der Pandemiebekämpfung in Deutschland ganz wesentlich an groben Defiziten in der empirischen Datenbasis krankt. Angesichts des so sensiblen Bereichs hätte die Politik die Wissenschaft viel zeitiger und nachdrücklicher in die Pflicht nehmen müssen, um zu belastbaren Aussagen zu kommen[70]. Deshalb gibt es immer noch nicht verlässliche Gesamtzahlen für Deutschland zu Infektionen im Bereich Schule. So fällt es den Kultusministern leicht, Schulen als sichere Orte zu deklarieren, wenn man zu dem Trick greift, die Infektionszahlen in den Schulen in Relation zur Gesamtzahl der Schüler und Schülerinnen zu setzen. Dann kommt man in der Tat nur zu einem Promillewert.

Aber die allgemeinen Infektionszahlen im Land werden auch nicht ins Verhältnis zur Gesamtbevölkerung gesetzt; die würden sich auch nur im Promillebereich bewegen und so schwerlich einen Lockdown begründen können.

Immerhin scheint sich die Erkenntnis durchzusetzen, dass das Infektionsgeschehen in den Schulen und Kindertagesstätten nicht isoliert vom Infektionsgeschehen in der Gesellschaft insgesamt zu betrachten ist. Wenn dieses stark ansteigt, ist eine zunehmende Zahl von Infektionen auch unter Schülern zu erwarten.

So haben beim Thema Schulen die Landesregierungen in den Beratungen mit dem Kanzleramt bislang immer auf die Bremse getreten und sich insbesondere vehement gegen die Einführung von Wechselunterricht gewehrt.

Bezüglich von Maßnahmen beim zweiten Lockdown und seiner Verlängerung hat es dann letztlich doch zu einer moderaten Verschärfung der Maskenpflicht gereicht, die ab Klasse 7 bei einem Inzidenzwert von 50 Infektionen pro 100.000 Einwohner gelten soll. Aber erst ab 200 Infektionen pro 100.000 Einwohner sollen dann im Rahmen einer Hotspot-Strategie schulspezifisch weitere Maßnahmen hinzukommen. Das könnten dann auch geteilte Klassen ab Stufe 8 sein. Damit bleiben die Beschlüsse immer noch unter den Richtlinien des RKI, die beispielsweise eine Halbierung der Klassen ab einem Inzidenzwert von 50 pro 100.000 Einwohnern vorsehen.

Trotzdem bleibt es unter den Verantwortlichen bei viel Uneinigkeit darüber, was realistischer Weise auch unter Beachtung des Lehrer- und Raumbedarfs getan werden kann.

Bayerns Ministerpräsident sieht den Wechsel von Präsenz- und Distanzunterricht grundsätzlich positiv, Baden-Württembergs Kultusministerin sieht im Fernunterricht technisch bedingt eher eine Katastrophe und ist dagegen.

Ursprünglich war durch die Bundesregierung der Distanzunterricht auch eher für jene Schüler gedacht, die sich in Quarantäne begeben müssen, ohne selbst erkrankt zu sein. Aber sogar dieser kleinste gemeinsame Nenner wurde abgelehnt, ähnlich wie der lang anhaltend Zank um Für und Wider des Maskentragens.

Der Lehrerverband kritisiert fehlende neue Beschlüsse von Bund und Ländern. „Das könnte sich noch bitter rächen", sagt Präsident Heinz-Peter Meidinger dem Nachrichtenportal Watson. Vor allem, dass keine allgemeine Maskenpflicht im Schulunterricht eingeführt worden ist, prangert Meidinger an. Das Handelsblatt zitiert: „Warum es nicht einmal gelungen ist, eine bundesweit geltende Maskenpflicht zumindest für Schüler an weiterführenden Schulen, unserer Ansicht nach auch für Grundschüler in den Maßnahmenkatalog von Bund und Ländern aufzunehmen, ist völlig unerklärlich und geradezu verantwortungslos."[71]

Bei den Schulen schwebte dem Kanzleramt zunächst vor, Schulklassen zu verkleinern und eine Maskenpflicht für alle Jahrgänge festzuschreiben – auf dem Schulgelände sowie im Unterricht. Auch hier stellten sich die Länder quer[72]. Nun haben Bund und Länder auf der Konferenz am 25.11.2020 wenigstens einen Minimalkompromiss hinsichtlich der Eindämmung von Ansteckungsrisiken im Schulbereich erreicht insbesondere in Gebieten mit sehr hohem Infektionsgeschehen.

Einen überzeugenden, von allen akzeptierten Vorschlag hat keiner, da viele Neuregelungen, beginnend bei differenzierten Pausen oder Beginn der Zeiten des Unterrichts in der Schulpraxis gar nicht umsetzbar sind. Wenn große Schulzentren mit 1000 Schülern unterschiedlich beginnen sollen, schafft das weder der Nahverkehr noch der Schulleiter mit dem Pausenklingeln.

Auch die Idee, den Unterricht zu verschlanken und Themen oder ganz Fächer wegzulassen, sehen viele Pädagogen kritisch. Es geht nicht nur darum, welche, sondern vor allem auch um den Anspruch der humanen Bildung im weiten Humboldtschen Sinne. In der Diskussion um die Abstandsregeln und Kontaktbeschränkungen für Schüler befanden sich auch völlig lebensfremde Vorschläge, wie die Vereinzelung von Freundschaften oder Treffen mit lediglich einem Freund aus einem anderen Hausstand.

Kaum bedacht wurde bisher die sozialpsychologische Wirkung vieler Maßnahmen in den Schulen, besonders die Auswirkung von Einzelschuldzuweisungen an erkrankte Kinder und dadurch bedingte Quarantäne-Aufenthalte im häuslichen Bereich. Teilweise bestehen auch große Unterschiede in der Auslegung der Strenge der Quarantäne und hier widersprechen sich sogar Schulleitungen und Gesundheitsämter.

Wie abgehoben einige Politiker offenbar leben oder denken, erkennt man auch daran, dass allen Ernstes vorgeschlagen wird, erkrankte Kinder auch im häuslichen Bereich in eine Art Selbstisolation zu schicken. Wie das in einer Zwei- oder Drei- Zimmer-Wohnung gehen soll oder selbst in einem Reihenhaus, können sich nur weltfremde Beamte vorstellen. Dass solche abstrusen Vorschläge insgesamt zu einer erhöhten Skepsis gegenüber den staatlichen oder regionalen Maßnahmen führen, braucht nicht zu verwundern.

Anhand der Diskussionen um Schulen und Kindergärten wird immer wieder deutlich, wie wenig fundierte Kenntnisse über das Ausbreiten des Virus tatsächlich vorhanden und verifiziert sind.

Daran kann auch die theoretische Simulation von Aerosolausbreitungen in einem Klassenzimmer wenig ändern.

Es besteht vor allem Einigkeit darin, dass man sich nicht einig ist, von der Verlässlichkeit und dem Zeithorizont der Festlegungen einmal ganz abgesehen. Wenige Wochen vor dem Weihnachtsfest hat man sich endlich dazu durchgerungen, auch Angaben dazu zu machen, wie die Ferien zu planen sind und ob überhaupt die normalen familiären Treffen zum Fest stattfinden können. Das gleiche gilt für längerfristige Planungen in 2021.

Am Fokus „Schule" lässt sich festmachen, wie wenig in den Monaten nach dem ersten Lockdown für eine tatsächliche längerfristige „Neue Normalität" eines hybriden Schulsystems, eines technisch sicheren, überall und immer funktionierenden Distanzunterrichts getan wurde. Dass es international für den

Schulbereich schon einen reichen Fundus an Vorschlägen für einen sicheren Schulbetrieb auf kommunaler, Schul-, Klassenraum- und individueller Ebene unter den Bedingungen der COVID-Pandemie gibt, sei dabei nur am Rande festgestellt.[73]

## Gedanken zur Zukunft der Abstandsgesellschaft

Für viele Menschen war die Einführung der vielfältigen Abstandsgebote etwas völlig Neues, vor allem jedoch eine verstörende Erfahrung. Die geschlossenen Läden, Restaurants oder Kultur- und Fitnesseinrichtungen vermittelten Stillstand. Zugleich wurde durch die AHA-Regeln vor allem das Abstandhalten und Maskentragen zu einer persönlichen Haltungsfrage, die zugleich jedoch gesellschaftlich mit staatlichen Sanktionen örtlich durchgesetzt wurde.

Dabei geht es nicht nur um physischen Abstand, sondern indirekt auch neuen sozialen Abstand, der durch den unglücklichen zunächst benutzten Begriff „social distancing" noch besonders diskreditierend wirkte.

Ganz offensichtlich ist jedoch, dass mit dem Abstandsgebot und dem Maskentragen ein ganz anderes Kommunikationsverhalten zumindest latent produziert wird. Es schließt Misstrauen bei Begegnungen jeder Art ein, weil ja jeder Kontakt auch ein möglicher Corona-Infizierter sein könnte.

Damit verbunden entsteht zumindest indirekt eine ständige Selbstbewertung, ob das eigene Verhalten angemessen, richtig, rücksichtsvoll oder auch übertrieben, ja lächerlich wirkt und umgekehrt nicht selbstgefährdend oder leichtsinnig zu bewerten ist.

Die Corona-Gegner, Querdenker oder allenfalls bloßen Zweifler an der Verhältnismäßigkeit, Angemessenheit und Zulässigkeit der Maßnahmen knüpfen genau hier an.

Die „Abstandsstrategie" jedes einzelnen wird so bewusst oder unbewusst zum Zankapfel. Die früher selbstverständliche Nähe und das Miteinander werden durch das persönliche Tun und Lassen hinterfragt. Bei den einfachsten Begegnungen in öffentlichen Verkehrsmitteln, beim Einkaufen, in der Schule oder beim Arzt treten ganz neue Verhaltensfragen auf.

Bisher gibt es kaum umfassende aussagefähige, wissenschaftlich solide fundierte und verifizierte Aussagen dazu. Sowohl aus soziologischer wie psychologischer Sicht ist schwer zu beurteilen, wie sich die Gesellschaften verändern.

Die persönlichen Erfahrungen von Europäern in außereuropäischen Ländern zu Beginn der ersten „Welle" im Frühjahr 2020 bis zur Rückholaktion für Urlauber im Ausland der Bundesregierung bewiesen jedoch, wie rasch ein Rückfall in Fremdenfeindlichkeit, persönliche Ausgrenzung und Diskriminierung erfolgt. Viele berichteten über eine unerwartete Aggressivität und sogar Bedrohungen durch

Einheimische. Man kann sicher, ohne zu spekulieren schon jetzt sagen, dass die weltweit geltenden Normen neuer Abstandsgebote den Tourismus, die Dienst- und Privatreisen langfristig deutlich verändern werden.

Ressentiments traten dabei keineswegs nur im Ausland auf, sondern auch im Inland und besonders in den Grenzregionen.

Sie wurden durch panikartige und unabgestimmte Grenzschließungen im Schengen - Raum der EU während der ersten Welle noch verstärkt.

In China hatten und haben es farbige Personen besonders schwer. Es wurden sogar Lokalverbote ausgesprochen oder Platzverweise. erteilt.

Tatsächlich wirkt das Abstandsverhalten und Maskentragen gewollt wie ungewollt als ein neuartiges körpersprachliches Signal. Nehme ich die Pandemie ernst oder nicht? Füge ich mich den erlassenen Vorschriften oder interpretiere ich sie auf meine Weise? Wenn beispielswiese die Nasenspitze über einer Maske hängt, wirkt sie kaum und man könnte auch ganz auf das Tragen verzichten. Ähnlich ist es bei allen Zusammentreffen im öffentlichen Raum mit dem geforderten Mindestabstand.

Die Demonstrationen gegen Abstand und Masken, wie gegen alle anderen Corona-Maßnahmen im großen wie im kleinen Maßstab haben eine unerwartete eigene Wucht erreicht, wie beim Vorrücken von

Protestierenden am 29. August 2020 bis vor die Parlamentstüren des deutschen Bundestages deutlich wurde.

Die Demonstrationen für eine Rückkehr zur Normalität werden auch deshalb unterstützt, weil sich viele weigern, ihr persönliches oder kollektives Verhalten der „Abstandsgesellschaft" anzupassen. Bis vor ganz kurzer Zeit wähnte man sich weltweit eher in einer Partygesellschaft, die höchstens durch die Klimaaktivisten einen Dämpfer erhielt, weil der Spaß am häufigen Verreisen, Autofahren, Feiern, an ungebremstem Konsum, immer schnelleren Moden durch Mahnungen wegen der dadurch befeuerten Veränderung des Klimas eingetrübt wurde.

Der vor der Corona Pandemie weltweit oftmals als „Ellenbogengesellschaft" gekennzeichnete Alltag im kapitalistischen System wird in der neuen Abstandsgesellschaft ironischer Weise gerade durch das Berühren der Ellbogen anstelle des Handschlages charakterisiert. Es wirkt schon körperlich sehr seltsam, wenn sich zwei mit den Ellbogen anstoßen und dadurch auch näher als 1,5 bis zwei Meter kommen.

Allein an dieser Form der Begrüßung, bei der man sich auch kaum anschaut, wird deutlich, wie sich die Gesellschaft mit einer Geschwindigkeit verändert, die bis vor kurzem kaum vorstellbar war.

Die Veränderung der gesellschaftlichen Normen und Regeln der neuen Abstandsgesellschaft im öffentlichen Raum ist allerdings nur eine Seite.

Vielmehr stellt sich die Frage, was „Abstand" im weitesten Sinne aus psychologischer, psychischer oder auch seelischer Sicht und nicht zuletzt für Liebe, Freundschaft, Kameradschaft sowie einfach auch Nachbarschaftshilfe bedeuten?

Auf Grund der relativen Kürze der einschneidenden Maßnahmen gibt es darüber bisher so gut wie keine validen Aussagen. Es ist jedoch auch ohne Studien sicher nachvollziehbar, dass Fehlentwicklungen schon jetzt absehbar sind. Mit Abstand entstehen keine menschliche Nähe, Zuneigung und Wärme, von Liebe bis hin zu Sex ganz zu schweigen. Schon jetzt befürchten Fachleute, dass Schülerinnen und Schüler, aber auch Alte, Einsame und Kranke bei aller Einsicht in die Abstandsregeln eher vereinsamen und verbittern, schlimmstenfalls gefühlsarm werden, Empathie für das Schicksal anderer verlieren.

Bereits heute zeigt sich, dass viele Jugendliche bei zu langem und intensivem Eintauchen in virtuelle Welten den Bezug zum realen Leben verlieren.

Virtuelle Arbeitsessen sind sicher möglich, aber schmecken sie auch? Gerade der coronabedingte Verlust von Geruchs- und Geschmacksnerven sollte nicht dazu führen, dass wir uns des Genusses, der Lebensfreude[74] und besonders der menschlichen Liebe selbst berauben.

Offen bleibt auch, wie nach der parlamentarischen Zustimmung zum aktualisierten Infektionsschutzgesetz tatsächlich damit umgegangen wird, etwa wenn das bloße Abstand halten nicht mehr reicht, sondern Quarantäne angewiesen und notfalls mit Zwang durchgesetzt wird. Der Leipziger Staatsrechtler Degenhart hat Bedenken. Das Handelsblatt greift sie so auf:[75]

„Die Voraussetzungen für Quarantäne – hier insbesondere die Festlegung, wann eine Quarantäne als Freiheitsentziehung zu werten ist und darum unter Richtervorbehalt steht – vermisst Degenhart: Das muss dringend näher geregelt werden. Die jetzigen Quarantäne-Bestimmungen seien als bloße Freiheitsbeschränkung ohne Richtervorbehalt einzuordnen." Daraus folgt: „Was wir in der ersten Welle im Frühjahr aber gesehen haben, dass etwa Wohnquartiere von Schlachthofmitarbeitern mit Zäunen abgeriegelt und von Wachen umstellt waren, das ist meines Erachtens schon eine Freiheitsentziehung, die mir ohne Richtervorbehalt sehr problematisch erscheint."[76]

Allein diese Wertung zeigt, welche Probleme das Abstand halten ganz praktisch bereitet, wenn es bis zur auferlegten Selbstisolation reicht.

Eine nachhaltig zukunftsfähige Gesellschaft muss sich diesen Konsequenzen des Abstandhaltens in größerem Maßstab und auf längere Sicht stellen, auch wenn das keineswegs einfach ist. Es besteht kein Zweifel, dass die Abstandsgesellschaft auf lange Sicht kein überzeugendes Zukunftsmodell bietet. Wir brauchen die menschliche Nähe, Umarmungen und offene, statt maskierte Gesichter, wie auch das Lachen und die Liebe. Ehen mit Abstand sind kein Zukunftsmodell, wohl aber die kleinste Wurzel eines Staatswesens.


## Vertrauen entscheidet

Wenn fast zwei Drittel der Bevölkerung in den neuen Bundesländern und beinahe die Hälfte der Gesamtbevölkerung unseres Landes laut Leipziger Autoritarismus Studie von 2020 glaubt[77], dass an den Verschwörungstheorien zur Corona-Krise etwas dran sei, besteht ein ernsthaftes Problem im politischen Vertrauen.
Viele Menschen haben es offenbar angesichts der anhaltenden Demonstrationen verloren. Aus im Grunde genommen unerklärlichen Gründen werden von den Medien ständig Horrorszenarien von überfüllten Krankenhäusern und Fallzahlen kommuniziert, die verunsichern, statt optimistisch zu stimmen. Die Menschen müssen in erster Linie Vertrauen in die ergriffenen Maßnahmen gewinnen.
Ein Vergleich mit dem Vertrauen in behandelnde Ärzte unterstreicht, was gemeint ist. Wenn wir nach Fehldiagnosen oder noch schlimmer, unwirksamen Therapien spüren, dass sie nicht wirken, sinkt das

Vertrauen in das medizinische Können. Man wechselt den Arzt oder sucht anderswo Rat. Mancher folgt diesen Empfehlungen oder behandelt sich lieber selbst.

Ganz ähnlich steht es beim politischen Vertrauen. Die Menschen suchen in unsicheren Zeiten nach Halt und Einsichten, die sie nachvollziehen und innerlich überzeugt annehmen wollen.

Sprichwörtlich heißt es: „Wer Angst hat, ist leicht zu fangen." Daher besteht erhebliche Gefahr, sich in persönlicher Not und Angst von falschen Propheten oder Führertypen fangen zu lassen.

Die besten Corona-Maßnahmen bringen nichts, wenn viele Menschen sie weder aus persönlichem Vertrauen noch aus Autoritätsglauben umsetzen. Sie verpuffen eher, statt als Wellenbrecher zu wirken.

Im Grunde genommen zeigt sich im Nachhinein, dass viele Maßnahmen des ersten Lockdowns im Frühjahr einen zweiten, wenn auch abgemilderten, nicht verhindern konnten. Es ist kein Wunder, wenn viele es für Wahnsinn halten, dasselbe zu tun, was schon beim ersten Mal nicht gewirkt hat.

Die Kritiker und Besorgten fragen sich: Wieso kann ein anderes Ergebnis bei gleichem Vorgehen erwartet werden?

Übertragen auf das politische Verhalten ist verloren gegangenes Vertrauen keineswegs leicht zurück zu erobern. Das ständige Drohen mit staatlich sanktionierter Autorität schafft keinesfalls Vertrauen in die Politik. Sie ist jedoch entscheidend für den Erfolg. Natürlich handelt die Politik nach wie vor unter großer Unsicherheit. Es ist aber in Vielem eine selbst verschuldete Unsicherheit, wenn noch zu wenig über das Virus bekannt ist und deshalb Unklarheit herrscht, welche Maßnahmen effektiv wirken und welche Einschränkungen des öffentlichen und privaten Lebens richtig sind. Den daraus entstehenden Eindruck des Kontrollverlusts verspürt die Bevölkerung instinktiv und reagiert zwiespältig.

Die Erforschung des Infektionsgeschehens, die Kenntnis der Verbreitung und Behandlung des Virus ist noch nicht auf dem erforderlichen Stand, obwohl es keinen Mangel an Virologen, Epidemiologen und anderen Experten gibt wie an deren Präsenz in den Talk-Shows abzulesen ist. Und dieses Defizit ist auch in der mangelhaften Berücksichtigung und Nutzung entsprechender Erfahrungen der Pandemiebekämpfung in anderen Ländern mitbegründet.

Ein Lockdown, der sich als Strohfeuer entpuppt und bald danach wieder eine Spirale aus ansteigenden Infektionszahlen und erneuten harten Restriktionen nötig macht, ist nicht zielführend. Er kann einer wirksamen Pandemiestrategie sehr schnell den Boden entziehen.[78]

Ein wichtiger Weg, alle Menschen in dieser Krise mitzunehmen und auch die Gegner möglichst zu überzeugen, besteht darin, ihnen das Gefühl zu vermitteln, dass sie aus ihrer Erfahrungswelt heraus mitbestimmen können, was gut und richtig ist. In diesem Moment sind sie die Autorität.

Das ständige Verkünden von strengeren Beschlüssen aus verfassungsmäßig gar nicht vorgesehenen Treffen von Bundeskanzlerin und Ministerpräsidenten allein reicht lange nicht, diese Vertrauensbasis herzustellen. Die intellektuelle wie emotionale Zustimmung sinken dann, wenn die Corona-Maßnahmen nicht wirken.

Vertrauen kann man nicht erzwingen, sondern nur durch Überzeugung und begründete, wirksame Maßnahmen erreichen. Vor allem hier muss nachgeholt werden, denn wer das Vertrauen verloren hat, hat nichts mehr zu verlieren. Vertrauen weckt Vertrauen.

# Glossar Corona 2

### Abstand halten

Mindestens 1,5 m, besser 2-3 m Sicherheitsabstand, da Übertragungsgefahr durch Bioaerosole in der Atemluft besteht. Lt. belgisch-niederländischen Studien wären 4-5 m sicherer; beim Sport 10-20 m. Besonders umstritten ist, wie Abstand in überfüllten öffentlichen Verkehrsmitteln einzuhalten ist.

### Advance Purchase Agreement

Verkaufsvereinbarung, besonders häufig auf staatlicher Ebene zum Vorkauf von Impfstoffen gegen Corona.

### Aerosole

Aerosole sind mikroskopisch kleine Schwebeteilchen, die durch die Atemluft verbreitet werden. Sie unterliegen kaum der Schwerkraft, schweben lange in der Luft und können als Viren tief in die Lunge eindringen. Sie gelten als Hauptträger für Infektionen.

### AHA-L-Regeln

Kurzformel für Abstand halten, Hygiene einhalten und Atemmasken (Mund-Nasen-Bedeckung) tragen. Oft ergänzt durch ein großes L, das für regelmäßiges Lüften in geschlossenen Räumen gilt, z.B. in Schulen alle 20 Minuten. Widersprüchlich bleibt, dass vielfach Fenster in öffentlichen Gebäuden kaum zu öffnen sind und moderne Lüftungstechnik mit Filtern fehlt.

**Alltagsmaske**

Seit Beginn der Corona-Einschränkungen besonders umstrittenes, inzwischen weitgehend akzeptiertes Tragen einer Mund-Nasen-Bedeckung. Sie werden insbesondere in Situationen Pflicht, in denen mehrere Menschen im öffentlichen Raum für längere Zeit zusammentreffen oder die Abstandsregeln nicht zuverlässig einhalten können. Die Wirksamkeit des Maskentragens ist umstritten. Der volkstümliche Begriff „Schnutenpulli" für Maske wurde plattdeutsches Wort des Jahres.

**Alternativmedien**

In der Corona-Krise unterscheiden sich alternative Medien inhaltlich und von der Produktion und Verbreitung von etablierten Sendern oder dominanten Medien. Sie bringen kritische Berichte vor allem im Internet, aber auch Audio und Video- und Printbeiträge zu unklaren Daten und widersprüchlichen Beschlüssen und Regeln.

**Angst**

Im Zusammenhang mit Corona geht es in der Politik, im Management und in der Bevölkerung vor allem um drei Ängste: die Angst vor Kontrollverlust, Angst vor mehr Infizierten und Angst vor Tausenden Toten durch überforderte Gesundheitssysteme und vor allem fehlendes qualifiziertes Pflegepersonal. In der Folge herrscht vielfach Angst vor einem erneuten Lockdown (siehe dort) des Wirtschafts- und Gesellschaftslebens. Als wichtigstes Mittel gegen Angst hilft es, Zuversicht zu bewahren.

**Ausgangssperre**

Verbot, die eigene Wohnung außer aus dringlichem Grund wie Arztbesuch, Einkaufen, Apotheke zu verlassen. Unterschiedlich streng gehandhabt; in Italien; Frankreich, Spanien und Belgien rigoros gehandhabt. In Deutschland wurde anstelle von A. ein Kontaktverbot erlassen.

### Autochthone Infektion

Infektion, die von einer Person, die in einer bestimmten Gegend lebt, in dieser Region erworben wurde. Dazu gegensätzlich ist die allochthone oder "importierte" Infektion, die von einer Person, die in einer bestimmten Region lebt, außerhalb dieser, z.B. beim Reisen, erworben wurde.

### Basisreproduktion

Die Basisreproduktion (Grundvermehrungsrate $R_0$ in der Infektionsepidemiologie) gibt an, wie viele Menschen eine infizierte Person durchschnittlich ansteckt, wenn kein Mitglied der Gruppe gegenüber dem Erreger immun ist. Aus der Basisreproduktionszahl wird die minimale Herdenimmunität für einen Herdeneffekt berechnet. Bei Covid-19 gilt $R_0$ 1,4 bis 5,7 nach unterschiedlichen Berechnungen. Die R. ist Basis für die Berechnung der Ausbreitungs-geschwindigkeit und Dauer sowie Beendigung von Schutzmaßnahmen.

### Bazooka

Aus dem Militärjargon für Panzerabwehrwaffen übernommener Begriff, den Bundesfinanzminister Olaf Scholz beim Vorstellen der großen Hilfsmaßnahmen für Unternehmen im Frühjahr 2020 benutzte. Kleinere Hilfen verglich er mit Handwaffen. Der Begriff stammt ursprünglich von einem posaunenähnlichen Instrument.

**Beherbergungsverbot**
Typisches Beispiel für das uneinheitliche Vorgehen im Kampf gegen die Pandemie. Bund und Länder haben sich nicht auf eine einheitliche Linie zum Beherbergungsverbot im Oktober 2020 einigen können. In einigen Bundesländern haben Verwaltungsgerichte die Regelung als rechtswidrig gekippt, in anderen verzichteten die Landesregierungen aus Rechtsunsicherheit darauf. Vor allem das Reisen und die Tourismuswirtschaft sind dadurch betroffen.

**CDC** *siehe Center for Desease Control and Prevention*

**Center for Desease Control and Prevention** (CDC), die Seuchenschutzbehörde der USA mit Hauptsitz in Atlanta, einem Jahresbudget über 6,5 Mrd. US $ und rd. 10 000 Mitarbeitern.

**Containment-Scouts**
Um Infektionsketten zu unterbrechen und eine weitere Ausbreitung von SARS-CoV-2 zu verhindern, ist es essentiell, Kontaktpersonen von bestätigten COVID-19-Fällen zu ermitteln und nachzuverfolgen, um das Geschehen einzudämmen. Das RKI hat hierfür spezielle Stellen ausgeschrieben, die als „Detektive" diese Nachverfolgung unterstützen und verbessern helfen. Für diese personal- und zeitaufwändige Aufgabe sind die Gesundheitsämter vor Ort zuständig.

**Corona** *siehe Coronaviren*

### Coronaviren

Nach dem Aussehen, lat. für „Kranz" oder „Krone",
Coronaviren wurden schon in den 60er Jahren entdeckt,
Der offizielle Name des Coronavirus ist „SARS-CoV-2"


### Corona-Warn-App

Seit Juni 2020 in Deutschland und auch in anderen
EU-Staaten verfügbare Warn-App zur Kontaktnachver-
folgung. Die Covid-19-App soll ihre Nutzer darüber in-
formieren, ob sie Kontakt mit Infizierten hatten. Dadurch
sollen Infektionsketten leichter verfolgbar sein. Die
Warn-App ist ein Gemeinschaftsprodukt von SAP und
Deutsche Telekom mit weiteren 25 Unternehmen. Die
Wirksamkeit und Zuverlässigkeit ist umstritten.

### Corona-Hilfen

Unterstützungsmaßnahmen des Bundes und der Länder zum wirtschaftlichen Überleben in der Pandemie, dif-
ferenziert nach Start ups, große Unternehmen, für kleine
und mittlere Unternehmen mit mehr als zehn Beschäftigten, Kleinunternehmen bis zehn Beschäftigte und Freibe-
rufler, Solo-Selbständige. Einzelheiten sind bisher unter
www.bmwi.de, www.kfw.de, www.vdbinfo.de und
www.arbeitsagentur.de, www.ueberbrueckungshilfe-
unternehmen.de abrufbar. Ende November entbrannte
eine Diskussion über die Dauer der Corona-Hilfen sowie
den Anteil der Bundesländer an den Finanzhilfen sowie
die Höhe.

### Corona-Leugner

Bezeichnung für Gegner der Corona-Maßnahmen und häufig Anhänger von Verschwörungstheorien sowie insbesondere Maskenverweigerer und Ignoranten des Abstandhaltens und der Hygieneregeln. Sie treten in Demonstrationen für die uneingeschränkten Freiheitsrechte zunehmend radikal auf und grenzen sich oft von Positionen Rechtsradikaler nicht ab. In der Politik wird darüber diskutiert, ob Corona-Leugner ähnlich wie Holocaust-Leugner strafrechtlich verfolgt werden sollen, um sie juristisch zu belangen.

### Covid-19

Name der Lungenkrankheit, die das Coronavirus auslöst. Covid steht abgekürzt für „Corona Virus Desease" (Corona Virus Erkrankung). Die Zahl 19 steht für das Ausbruchsjahr 2019, den Namen Covid-19 vergab die WHO. Die aktuelle Variante der Coronaviren nennt sich Sars-CoV-2 durch die Ähnlichkeit mit dem 2002/03 entdeckten Sars-Coronavirus.

### Covidiot

Das von Saskia Esken, der SPD-Vorsitzenden, benutzte Kompositum für Gegner der Coronamaßnahmen aus Covid und Idiot gilt als eine zugespitzte Meinungsäußerung in der politischen Auseinandersetzung; es ist zulässig, da durch die Meinungsfreiheit gedeckt. Klagen wurde abgewiesen.

### Corona-Bonds

Gemeinsame Anleihen aller Euroländer, um hoch verschuldeten und von der Krise besonders betroffenen Staaten zu günstigeren Konditionen frisches Geld von Investoren zu besorgen. Wirtschaftlich starke Länder wie

Deutschland, Niederlande haften mit und die Rückzahlung des Geldes erscheint den Investoren dadurch sicherer. Bonds sind Schuldverschreibungen, mit denen sich Unternehmen oder Staaten weltweit Geld leihen, das sie den Anlegern mit Zinsen zurückzahlen. Deutschland wehrt sich gegen C.

### Corona-Kabinett

Bezeichnung für das jeweils montags tagende verkleinerte Kabinett unter Leitung der Bundeskanzlerin, mit den Ministerinnen und Ministern der Verteidigung, der Finanzen, des Inneren, des Auswärtigen, für Gesundheit und dem Chef des Bundeskanzleramtes. Zum großen C. werden die betreffenden Fachministerien dazu geladen.

### Corona-Pandemie

Wort des Jahres 2020 laut Entscheid der Gesellschaft für deutsche Sprache (siehe Corona und Pandemie), gefolgt von den Worten „lockdown" (siehe dort) und Verschwörungsreden, hier unter Verschwörungstheorien enthalten.

### Corona-Test

Inzwischen gibt es viele Möglichkeiten, um eine Infektion mit SARS-CoV-2 festzustellen. Am häufigsten werden PCR, PCR-Schnelltest, Antigen- oder Antikörpertests angewendet:
-die sogenannten PCR-Tests dienen dem direkten Erregernachweis, die Proben werden in Laboren analysiert;
-PCR-Schnelltests nutzen die gleiche Methode, allerdings vereinfacht und sind etwas ungenauer
-Antigentests können den Erreger ebenfalls;
direkt nachweisen, befinden sich aber noch vielfach in der Erprobungsphase;

-Antikörpertests dienen vorwiegend dem Nachweis einer abgelaufenen Infektion, da der Körper bereits Antikörper gegen den Erreger gebildet hat.

### Corona-Wellen
Umstrittene Bezeichnung für ansteigende Infektionszahlen und wellenförmig aussehende statistische Darstellungen, die als bedrohlich empfunden werden, von Corona-Leugnern auf erhöhte Messungen und dadurch vermehrt auftretende Fälle zurückgeführt.

**CWA** *siehe Corona-Warn-App*

### Desinfektion
Hauptbestandteil antiseptischer Arbeit zum Abtöten von Viren und Bakterien in allen Arbeits- und Lebensbereichen. Elementar für die Eindämmung der Corona-Epidemie.

### Distanz
s. Abstand, im Engl. auch gebräuchlich für distance learning oder working, also Lernen und Arbeiten von zu Hause oder ohne physischen Kontakt.

### ECDC
*Siehe* European Centre for Disease Prevention and Control

### EMA
*Siehe* European Medicines Agency

### Einreisestopp
Von Staaten erklärte Grenzschließungen, wie seitens der USA gegenüber Europäern oder innerhalb der EU, um die Ausbreitung des Corona-Virus zu stoppen.

**Epidemie**

Epidemie vom griechischen: epí - über und démos –
Volk abgeleiteter Begriff. Er bezeichnet ein überdurch-
schnittlich stark gehäuftes, örtlich und zeitich begrenztes
Auftreten einer ansteckenden Erkrankung.

**Europa-Krise**

Durch mangelnde Unterstützung der EU-Staaten zu
Beginn der Corona-Krise ausgelöste nachhaltige Ver-
stimmung zwischen den Ländern. Die Südländer, besonders Italien und Spanien, warfen Deutschland und den
Niederlanden mangelnde Solidargemeinschaft vor.

Da die Gesundheitspolitik den einzelnen EU-Staaten
unterliegt, fehlte bislang ein europäisch koordiniertes
Vorgehen.

**European Centre for Disease Prevention and
Control (ECDC)**

Das European Centre for Disease Prevention and
Control ist das Europäische Zentrum für die Prävention
und die Kontrolle von Krankheiten. Es handelt sich um
eine Agentur der Europäischen Union zur Verhütung und
Kontrolle übertragbarer Krankheiten und vor allem zur
Stärkung der Abwehrmechanismen gegen Infektionen in
der Europäischen Union mit Sitz in Solna, Schweden, mit
knapp 300 Mitarbeitern.

**European    Medicines    Agency    (EMA)**

Europäische Arzneimittelagentur. Die EMA gewährleistet die wissenschaftliche Evaluierung, Überwachung
und Sicherheitsüberprüfung von Human- und Tierarznei-
mittel in der EU mit Sitz in Amsterdam, Niederlande und
ca. 900 Mitarbeiter.

**Exponentielles Wachstum**

Gegenüber linearem Wachstum anfangs mit kleinen Erhöhungen, das im weiteren Verlauf wesentlich größere Werte erreichen und bis ins unbegrenzte Wachstum gehen kann. Bei exponentiellem Wachstum vervielfacht sich der Prozess in gleichen Zeitschritten um den denselben Faktor, so dass nach relativ harmlos aussehenden Anläufen der befürchtete steile Anstieg von Wachstumskurven erfolgt, der die vorhandenen Gesundheitssysteme kapazitätsmäßig überfordert.

**FFP-Maske**

FFP-Masken, abgekürzt von filtering face pieces, stellen partikelfilternde Atemschutzausrüstungen in drei Klassen dar. Einfacher Mund-Nasenschutz schützt andere vor Speicheltröpfchen des Trägers, aber nicht vor luftgetragenen Viren. Die Wirkung selbstgefertigter Masken ist umstritten.

FFP1 Masken filtern zusätzlich die Atemluft des Trägers von außen durch Filter und Vliesschichten.

FFP2 und FFP3-Masken bieten professionellen Schutz vor luftgetragenen Viren und sind entsprechend teuer. Teilweise stieg der Preis um das 50-fache.

**Fallzahlen**

Ursprünglich aus der Krankenhausstatistik des Statistischen Bundesamtes stammender Begriff, der die Patientenzu- und -abgänge ermittelt. In der Krankenhausstatistik wird zwischen einrichtungs- und abteilungsbezogenen Fallzahlen unterschieden.

In der Coronakrise werden vor allem die Zahlen für Neuinfizierte, Genesene und Gestorbene ermittelt.

Die Angaben schwanken nach Quellenlage und Aktualität, vor allem zwischen der John-Hopkins-Universität aus den USA und dem Robert-Koch-Institut in Deutschland.

### Freiheitsrechte
In Rechtsstaaten garantierte Rechte des Einzelnen gegenüber dem Staat, wie Meinungsfreiheit, Glaubensfreiheit, Freiheit der Person etc. die in D. durch das Grundgesetz garantiert, aber in der C-Krise durch das ihm untergeordnete Infektionsschutzgesetz partiell und zeitweise außer Kraft gesetzt wurden, wie z. B. das Versammlungsrecht, die Freizügigkeit oder das Recht der Berufsausübung.

### Gesundheitsschutz
Der Arbeits- und Gesundheitsschutz gehört zu den elementaren Aufgaben bei allen Tätigkeiten und im gesellschaftlichen Leben, erlangte aber durch die C-Krise neue Aufmerksamkeit.

Der G. beinhaltete bisher vor allem Maßnahmen zur Prävention arbeitsbedingter Gesundheits-störungen und Berufskrankheiten, ist aber dringend auf Infektionsgefahren zu erweitern. Darüber hinaus sind ethische und politisch-ökonomische Diskussionen im Gange, die den Wert der Gesundheit und die marktwirtschaftliche Ausrichtung des Gesundheitswesens neu ausrichten sollen.

### Handytracking
Aus dem Engl. Begriff für Verfolgung abgeleitet; umfasst die Technik, die zur gleichzeitigen Verfolgung von Menschen bzw. Objekten dient. In der C-Krise sollen dadurch Infizierte und ihre Kontakte nachverfolgt werden können, um Tests und Quarantänen auslösen zu können. Davon unterschieden wird das Tracing, das eine

zeitlich versetzte Verfolgung anhand von Aufzeichnungen betrifft. Im Internet dient das T. vor allem online-Marketingzwecken, indem der Browserverlauf verfolgt wird.

Die Nutzung von Tracking-Apps soll freiwillig erfolgen, ist jedoch schon jederzeit möglich.


### Heinsberg-Studie

Erste wissenschaftlich fundierte Studie zum Corona Hotspot Heinsberg in NRW im März 2020 unter Leitung des Virologen Hendrick Streeck, auch als Covid-19 Case-Cluster-Study bekannt geworden. Durch Zusammenarbeit von Streeck mit der PR-Agentur „Storymachine" wurden die Ergebnisse und der frühe Veröffentlichungstermin heftig diskutiert und zum Gegenstand von Kontroversen, der Autor als „Anti-Drosten" stigmatisiert. Christian Drosten von der Charite erhielt gemeinsam mit dem Landrat von Heinsberg, Stephan Pusch, das Bundesverdienstkreuz für den Einsatz gegen die Corona-Pandemie.


### Helikoptergeld

Bezeichnung für von der Regierung an die Haushalte verteilte Geldgeschenke, die sprichwörtlich von oben auf die Bevölkerung abgeworfen werden. Wiederholt diskutierte Möglichkeit, um Einkommenseinbußen in einer Krise zwecks Ankurbelung des Konsums entgegenzuwirken.


### Herdenimmunität

Vom engl. Begriff „herd immunity" abgeleiteter Begriff, der epidemiologisch eine indirekte Form des Schutzes vor Infektionen bietet, wenn ein hoher Prozentsatz der Bevölkerung bereits immun geworden ist. Mittel dazu sind Infektionen oder Impfungen, so dass sich die

Ausbreitungs-möglichkeiten vermindern. Daraus ergibt sich indirekt ein erhöhter Schutz auch für die nicht-immunen Personen.

### Hotspot

Wörtlich für Gefahrenherd oder heißer Punkt, steht in Epidemien für Risikogebiete, in denen es besonders viele Ausbrüche oder Fallzahlen gibt, die lokal begrenzt sind.

### Home-Office

Der engl. Begriff für Heimarbeit bedeutet, dass man von zuhause arbeitet. In C-Zeiten bieten viele Arbeitgeber ihren Mitarbeitern an, einen Teil oder alle Aufgaben von Zuhause aus per Computer und Internet zu erledigen, wenn Regeln bezüglich Arbeitszeit und Erreichbarkeit eingehalten werden. Wichtig ist Datenschutz, um im Home-Office vertrauliche Dokumente empfangen und bearbeiten zu können sowie der Einsatz entsprechender Hard- und Software am Heimarbeitsplatz. H. bereitet vielen Beschäftigten oft vom Management unterschätzten Stress.

### Homeschooling

Aus dem Englischen übernommener Begriff für Hausunterricht. Es handelt sich in Corona-Zeiten um eine meist hybride Form der Bildung und Erziehung, bei der die Schüler bzw. Schülerinnen zu Hause allein oder computergestützt digital lernen und abwechselnd bzw. lagebedingt auch Präsenzunterricht in Klassenverbänden haben. Da durch Homeschooling die Eltern oder Alleinerziehenden doppelt belastet sind, soll pandemiebedingter Unterrichtsausfall möglichst vermieden werden.

## Hygiene

Umgangssprachlich mit dem Begriff der Sauberkeit und Reinlichkeit gleichgesetzt umfasst die H. verschiedene Bereiche. Medizinisch geht es um die Erhaltung und Förderung der Gesundheit und ihre natürlichen und sozialen Vorbedingungen. Allgemein geht es um die Gesamtheit der Maßnahmen in den verschiedensten Bereichen zur Erhaltung und Hebung des Gesundheitsstandes und zur Verhütung und Bekämpfung von Krankheiten.

## Hygiene-Demos

Bezeichnung für Demonstrationen, die das Coronavirus als Vorwand sehen, um dauerhaft die demokratischen und freiheitsrechtlichen Grundrechte im Ergebnis elitärer Verschwörungstheorien einzuschränken.

## Infodemic

Aus den engl. Begriffen, information und epidemic abgeleitetes Schachtelwort, zu deutsch für Infodemie, wo es um die rasche Ausbreitung von richtigen wie falschen Informationen geht.

## Infektion

Ansteckung durch eingedrungene Krankheitserreger, die eine lokale oder allgemeine Störung des Organismus zur Folge haben, im C-Fall besonders die Lunge betreffend.

## Infektionsschutzgesetz

Das Infektionsschutzgesetz aus dem Jahr 2000 wurde mit Zustimmung des Bundestages und des Bundesrates im März 2020 geändert. Es enthält viele Veränderungen zum Schutz der Bevölkerung bei einer epidemischen Lage von nationaler Tragweite und gibt dem

Bundesgesundheitsminister sowie den regionalen Gesundheitsämtern weitgehende erweiterte Ermächtigungen und Vollmachten. (Vgl. Bundesgesetzblatt Jahrgang 2020 Teil I Nr. 14, ausgegeben zu Bonn am 27. März 2020.) Am 18. 11.2020 erfolgte über den §28a bezogen auf die Corona-Pandemie die Annahme einer Gesetzesänderung durch Bundestag. Bundesrat und durch Unterzeichnung durch den Bundespräsidenten.

### Intensivstation

Spezielle Krankenhausstation zur Betreuung akut lebensgefährlich erkrankter Personen (z. B. bei Herzinfarkt, Schlaganfall) unter Anwendung bestimmter lebenserhaltender Sofortmaßnahmen und mit ständiger ärztlicher Überwachung, in der C-Krise meistens mit Beatmungstechnik.

### Immunsystem

Für die Immunität, also die Unempfänglichkeit für Krankheitserreger oder deren Gifte verantwortliches System der Abwehr von Krankheitserregern oder deren Giften.

### Kontaktsperre

Aus dem Justizvollzug auf die C-Pandemie übernommener Begriff für alle Maßnahmen, damit sich das C-Virus langsamer verbreitet. Man soll zu Hause bleiben und darf die Wohnung nur verlassen, um dringliche Einkäufe, Arztbesuche etc. zu erledigen.

## Lastenausgleich

Der Begriff stammt aus dem 1952 in der damaligen BRD eingeführten Lastenausgleichsgesetz, mit dem Kriegsschäden ausgeglichen werden sollten. In der C-Krise vorweggenommene Diskussion um die Verteilung der immensen Kosten der global bisher größten Krise.

## Location-tracking (LT)

LT ist eine Nachverfolgungstechnik, die detaillierte Informationen über den momentanen geografischen Ort von Personen, Waren, Behältern und Geräten zur Verfügung stellt und die Bewegung der Objekte verfolgt. Es ist eine Positionsbestimmung, die Positionsänderungen erkennt und registriert.

## Lockdown

Stilllegung von Wirtschaft und Gesellschaft, die eine temporäre, staatlich-verordnete und durchgesetzte Einschränkung des öffentlichen Lebens darstellt, um eine Epidemie oder Pandemie einzudämmen.

## Lockdown -light

Bezeichnung für einen zweiten Lockdown, der sich vor allem auf Kontakteinschränkungen im privaten und Freizeit- sowie Kulturbereich bezieht, inklusive private Reisen und Übernachtungen.

## Letalitätsraten

Vom lat. Letum (Tod) abgeleitete Aussage zur Tödlichkeit einer Krankheit oder Verletzung. Dabei wird die Anzahl der bereits an einer Krankheit Verstorbenen zur Anzahl neuer Erkrankungen in Relation gesetzt.

## Maskenpflicht

Zunächst umstrittene, inzwischen in vielen öffentlichen Bereichen und insbesondere Räumen zur Pflicht gewordenen Bedeckung von Mund und Nase durch Masken verschiedener Schutzgüte zur Vermeidung der Ausbreitung von Viren über Aerosole. Die Verletzung der Maskenpflicht gilt als Ordnungswidrigkeit, die mit Geldbuße belegt wird.

### mRNA-Impfstoff
Revolutionärer Impfstoff, der von dem deutschen Unternehmen BionTech entwickelt und mit dem US-Pharmakonzern Pfizer vermarktet wird. Ihm wird das Potential einer radikalen Veränderung der Impfmedizin zugesprochen. Es beruht darauf, dass die zu Impfenden nur noch ein verpacktes Molekül, einen „Messenger" als Boten-RNA (daher mRNA) erhalten. Diese veranlasst in Körperzellen, ein festgelegtes Protein herzustellen, das für den Körper fremd ist und von Immunzellen bekämpft wird, um auf dies Weise Immunität herzustellen. RNA steht für Ribonukleinsäure. Es besteht Potential, die mRNA-Technik auf viele Krankheiten anzuwenden, insbesondere auch zur Krebsbekämpfung.

### National Health Service *(NHS)* (dt. Staatlicher Nationaler Gesundheitsdienst)
Gesundheitsdienst
Großbritanniens, der in der sich rasch ausbreitenden Coronakrise an die Grenzen seiner Leistungsfähigkeit gestoßen ist. Das wird als Folge der starken Mittelkürzungen für das britische Gesundheitswesen in den letzten Jahren gesehen.

### NHS
*Siehe* National Health Service

**Niesetikette**

Hygieneempfehlung, beim Niesen besser die Ellenbeuge als die Hand vor das Gesicht zu nehmen, da die C-Viren sich vor allem durch Tröpfcheninfektion verbreiten.


**Notstand**

Im verfassungsrechtlichen Sinne eine gefährliche Situation, die durch schnelles Handeln vor allem staatlicherseits wirken soll, um Leben zu retten oder äußere Gefahren abzuwenden.

Der N. wurde in der C-Krise vor allem in Ungarn und Polen benutzt, um die Vollmachten der Regierenden umfassend zu erweitern.


**Öffnung**

Diskussion um alle Maßnahmen, die der Wiederherstellung von Normalität in allen Lebensbereichen dienen soll. Die Rang- und Reihenfolge der Einzelmaßnahmen von der Wiedereröffnung des Handels bis zu Schulen und Sport- oder Kultureinrichtungen ist umstritten.


**Pandemie**

Weltweite Epidemie oder sich global ausbreitende Seuche. P. breiten sich schnell, von Mensch zu Mensch" aus. Das Immunsystem ist nicht vorbereitet und daher auch nicht geschützt.

Die Influenza-Pandemien des vergangenen Jahrhunderts gingen mit Erkrankungs- und Sterberaten einher, die übliche, auch schwere, Influenzawellen übertrafen. Durch die hohe Zahl von Erkrankten in einem begrenzten Zeitraum wird das Gesundheitssystem eines Staates überlastet.

### Pandemismus

Neue Gesellschaftsform, die von Pandemien und Streben nach Gesundheit für alle Menschen bestimmt wird und nicht allein von marktwirtschaftlichen Prinzipien und vom Kapital wie im Kapitalismus. Der Pandemismus ist noch weitgehend unerforscht und begrifflich neu von den Autoren eingeführt.

### Pandemisches Dreieck

Bezeichnung für den schwierigen Ausgleich zwischen den drei Polen Gesundheit, Wirtschaft und Freiheit im Sinne des Grundgesetzes und darüber hinaus der persönlichen Freiheiten, Gewerbefreiheit, Demonstrationsfreiheit etc. Die Diskussionen gehen meist darum, ob in der Pandemie dem Gesundheitsschutz zu viel Raum gegenüber der Wirtschaft und Freiheit zugemessen wird.

### Prävention

Vom lat. praevenire - zuvorkommen Als Prävention bezeichnet man jede Maßnahme, die eine Beeinträchtigung der Gesundheit (Krankheit, Verletzung) verhindert sprichwörtlich: „Vorbeugen ist besser als heilen."

### Präventionsparadoxon

Dilemma der Wirksamkeit von bevölkerungs- und risikogruppenbezogenen Maßnahmen. Je erfolgreicher sich die eingesetzten Maßnahmen zeigen, umso mehr werden sie als unbegründet bezweifelt und hinterfragt. Nach Lockerungen eingeführter Corona-Maßnahmen nahm die Debatte über das Ausmaß zu: Sind sie wirkungsvoll, ist der Grund, warum sie ergriffen wurden, nicht mehr spürbar.

### QAnon

Verschwörungstheorie mit großer Verbreitung in den USA und anderen Staaten, die davon ausgeht, dass eine verschworene internationale, superreiche Elite sich mit allen, auch satanischen Mitteln, wie Präparaten aus Kinderblut, zu verjüngen und weltweit durchzusetzen versucht. Vertreter des sog. „deep state" strebten die globale Vorherrschaft und Ausheblung der Demokratie an. Erkennungssymbol der Vertreter dieser Theorien ist das Q, abgeleitet vom Symbol des Zugangs zur höchsten Sicherheitsstufe (Q clearance wie zur Atomenergie) und Anon steht für anonym. Wer genau hinter der Bewegung steht, ist unklar. Es werden auch rechtsextreme Einflüsse vermutet.

### Quarantäne

Vorübergehende Isolierung von Personen, die von einer ansteckenden Krankheit befallen sind oder bei denen Verdacht darauf besteht. Schutzmaßnahme gegen eine Verbreitung von C. und anderen Infektionskrankheiten. Die Q. ist eine zum Schutz der Gesellschaft befristete, behördlich angeordnete Isolierung von Menschen, aber auch Tieren oder Pflanzen. Beim aktuellen Coronavirus gilt in der Regel eine 14 tägige Q.

### Querdenken

Bewegung von Corona-Gegnern in der ganzen Bundesrepublik, die sich für eine konsequente Einhaltung der Grundrechte einsetzt und die einschränkenden Maßnahmen des Lockdowns für verfassungswidrig hält. Die Gründer der Bewegung betonen ihre Unabhängigkeit von links- und rechtsex-tremen Parteigängern, obwohl bei Anti-Corona-Demonstrationen oft Gruppierungen von Reichsbürgern und AfD-Vertretern den Unmut und Protest gegen die Corona-Einschränkungen für ihre Ziele

auszunutzen versuchen. Die Ergänzung Querdenken 711
steht als Abkürzung für die Telefonvorwahl 0711 für
Stuttgart.

### R-Wert
Die Reproduktionszahl R gibt an, wie viele andere
Menschen ein Infizierter statistisch pro Woche ansteckt.
Der R-Wert sollte unter 1 liegen.

### RKI
*Siehe* Robert-Koch-Institut

### Rezession
Abschwung der Wirtschaft mit stark negativen Zahlen
auf allen Gebieten des wirtschaftlichen Lebens, in der
Regel dann eintretend, wenn das Wachstum in mindestens zwei Quartalen nach unten geht. In der C-Krise wird
mit mindestens 6-8 Prozent Rückgang der gesamtwirt-
schaftlichen Leistung gerechnet.

### Robert–Koch-Institut *(RKI)*
Zentrale Einrichtung der Bundesregierung auf dem
Gebiet der Krankheitsüberwachung und für Prävention.
Als Einrichtung der öffentlichen Gesundheitspflege hat
es die Gesundheit der Bevölkerung im Fokus und ist zugleich zentrale Forschungseinrichtung sowie als Berater
der Regierung, maßgeblich beteiligt an den im Rahmen
der C-Krise verordneten Maßnahmen und für die Bekanntgabe der C-Fallzahlen.

Das RKI hat ca. 1300 Mitarbeiter und ein Budget von
ca. 1,3 Mrd. Euro.

**Schuldenmoratorium**
Stundung des Schuldendienstes insbesondere für die
ärmsten Entwicklungsländer, die von der Coronakrise
besonders betroffen sind. Sowohl die sieben größten In-
dustrieländer (G 7) wie auch die G-20-Länder haben einem entsprechenden Moratorium zugestimmt. Die Stundung betrifft bilaterale Kredite, die die 76 ärmsten Staaten, vor allem in Afrika, bei den reicheren Ländern haben.

**Shutdown** *(dt. Herunterfahren)*
Das Herunterfahren aller wirtschaftlichen und gesellschaftlichen Aktivitäten auf Lebensnotwendiges
dient der Reduktion der Ansteckungsgefahr im Interesse
der Gesundheit. In den einzelnen EU-Staaten und im
Ausland wurde der shutdown mit unterschiedlicher Kon-
sequenz durch Verordnungen mit Ausbreitung der Pandemie durchgesetzt.

Ursprünglich kommt der Begriff vom Herunterfah-
ren eines Computers, betraf speziell in den USA auch das
Herunterfahren der Regierungsaktivitäten ohne gültigen
Staatshaushalt und wurde in der C-Krise zum Synonym
für die Stilllegung des öffentlichen Lebens im Sinne einer
Massenquarantäne oder Ausgangsperre.

**Sieben-Tage-Inzidenz**
Inzidenz ist in der Medizin die Anzahl der neu auftretenden Erkrankungen innerhalb einer Personengruppe
von bestimmter Größe während eines bestimmten Zeit-
raums. Die sogenannte Sieben-Tage-Inzidenz gibt an,
wie viele Neuinfektionen in den letzten sieben Tagen geschehen sind. Um die Daten vergleichbar zu machen,
wird dabei auf die Anzahl der Neuinfektionen je 100.000
Einwohner zurückgerechnet. Die Sieben-Tage-Inzidenz
sollte die Zahl 50 nicht überschreiten. Sie gilt als eine

wichtige Kennzahl, nach der sich die Corona-Schutz-Maßnahmen richten.

### Sieben-Tage-R

Das Sieben-Tage-R heißt, dass 100 Infizierte rechnerisch X weitere Menschen anstecken. Der Wert bildet jeweils das Infektionsgeschehen vor 8 bis 16 Tagen ab. Liegt er für längere Zeit unter 1, flaut das Infektionsgeschehen ab.

### Social Meltdown

Wörtlich aus dem Englischen für „gesellschaftlichen Zusammenbruch", in der Corona Krise Ausdruck dafür, dass Prominente und Influencer im Internet ihre Zukunftsängste und Verschwörungstheorien wie in einem öffentlichen Nervenzusammenbruch sichtbar machen.

### Staatswirtschaft

Besonders aus China bekannte Form starker Einmischung und Beteiligung des Staates an Unternehmen. Im Unterschied zur <u>Marktwirtschaft</u> werden in der Staatswirtschaft die Entscheidungen über den Einsatz knapper Güter nicht von privaten, sondern von staatlichen Stellen getroffen, d.h. nicht marktorientierte Bedürfnisbefriedigung unter Einsatz hoheitlicher Gewalt.

In der C-Krise wird der Begriff auch auf Staatsbeteiligungen an bisher privaten Unternehmen, wie z. B. bei der Lufthansa AG angewandt und ein wachsender Einfluss staatlicher Entscheidungen auf privatwirtschaftliche Unternehmen erwartet, z.B. für den Verkauf von Unternehmen und zu internationalen Beteiligungen. Der Begriff der Staatswirtschaft aus finanzwirtschaftlicher Sicht ist in den Hintergrund getreten.

**Staycation**

Neologismus aus dem Amerikanischen für stay (bleiben) und vacation (Urlaub), der besonders in der Corona-Pandemie durch eingegrenzte Reisen verbreitet wurde. Bezeichnet den Aufenthalt und Tagesausflüge in die nähere Umgebung vom eigenen zu Hause aus.

**Solidargemeinschaft**

Der Begriff aus der Sozialversicherung wurde in der C-Krise auf die EU ausgedehnt. Das Solidaritätsprinzip soll erweitert werden als grundlegendes Prinzip. Dies bedeutet, dass ein EU-Land nicht allein für sich verantwortlich ist, sondern sich die Mitglieder der EU einer definierten Solidargemeinschaft gegenseitig Hilfe und Unterstützung gewähren, insbesondere aus finanzwirtschaftlicher Sicht, wie z.B. durch C-bonds.

**Social distancing**

Siehe Abstand, Distanz. Der Begriff ist missverständlich, weil es nicht um soziale Distanzierung, sondern körperliche Distanz (body distancing) geht.

**Superspreader**

Als Superspreader (aus dem Engl. für Superverbreiter), werden infizierte Menschen bezeichnet, die besonders viele andere Personen anstecken. Besonders häufig passiert das in Situationen, in denen viele Menschen zusammenkommen. Die damit verbundenen Ereignisse explosionsartiger Vermehrungen von Infektionen werden Superspreading-Events genannt.

**Systemfrage**

Vor allem im Vergleich zu China immer wieder gestellte Frage, ob zentralgeleitete und autoritäre Systeme besser mit der Pandemie und ihren Folgen klarkommen oder demokratische und liberale Ordnungen. Das schließt auch die Diskussionen um die Konsequenzen des föderalen Systems in der Bundesrepublik ein, wo viele Aufgaben Ländersache sind und regional unterschiedlich gehandhabt werden.

### Systemrelevanz

Der aus der Finanzwirtschaft stammende Begriff wurde vor der C-Krise nur für Unternehmen oder Berufe verwandt, die eine so bedeutende volkswirtschaftliche oder infrastrukturelle Rolle im Staat spielen, dass ihre Insolvenz nicht hingenommen werden kann oder ihre Dienstleistung besonders geschützt werden muss. Im Rahmen der C-Krise wurden zahlreiche neue Berufe als systemrelevant erklärt, die vor allem in Pandemiezeiten zur Krankenversorgung, der Versorgung der Bevölkerung und damit verbundene Dienstleistungen vom Lebensmittelhandel bis zur Müllabfuhr notwendig sind. Eine Neudefinition der Systemrelevanz steht aus.

### Tests

Der Nachweis für SARS-CoV-2 erfolgt durch Abstriche aus dem Mund-, Nasen- oder Rachenraum. In Laboren wird das virale Erbgut durch einen empfindlichen molekularen Test nachgewiesen. Der vollständige engl. Name des Tests lautet "Real-Time Reverse Transkriptase Polymerase-Kettenreaktion" (RT-PCR). Das genetische Material der Probe wird in mehreren Zyklen vervielfältigt. Durch den Einsatz fluoreszierender Stoffe wird sichtbar gemacht, ob die gesuchten Gensequenzen des Virus vorliegen oder nicht.

Die Erhöhung der Testkapazität gilt als ein Schlüssel zur Eindämmung der Pandemie.

**Triage**

Frz. Begriff für „Sortieren, Aussondern" aus der Militärmedizin zur Selektierung von Verwundeten nach der Schwere ihrer Verletzung und den Überlebenschancen, um abgestuft die Operationen durchzuführen und Verwundete zu versorgen. Im Rahmen der C-Krise übernommener Begriff, um zu entscheiden, wer in Intensivstationen behandelt werden soll bei nicht ausreichenden Kapazitäten der Intensivmedizin.

**Übersterblichkeit**

Übersterblichkeit (Exzess-Mortalität) bezeichnet in der Demografie und Medizin sowie anderen Fachgebieten eine im Vergleich zu den Erwartungswerten erhöhte Sterberate. Dazu werden vergleichsweise Zeiträume früherer Monate gewählt, um zu prüfen, ob es erhöhte Sterberaten gibt.

**Übertragung**

Siehe Infektion, die Übertragung oder Verbreitung des C-Virus ist bisher nicht genau geklärt. Über Tröpfcheninfektion durch Atmen, Husten, Niesen gilt auch Schmierinfektion (Türklinken, Einkaufswagen) als ein möglicher Übertragungsweg. Unklar ist die Übertragung durch Wasser oder andere Eintrittspforten für Erreger.

**Überwachung**

In C-Zeiten vielfältige Formen zur Kontrolle der Einhaltung von Regeln des Pandemismus, angefangen vom Einhalten der Quarantäne zu Hause bis zu den Abstandsregeln im Alltag. Neben elektronischen Systemen werden auch Drohnen und andere High-Tech-Methoden eingesetzt.

### V-Kurve

Nach einem scharfen Wirtschaftseinbruch in Folge einer Pandemie geht es um die Frage der wirtschaftlichen Erholung. Dabei bedeutet die V-Kurve, dass dem starken Verlust ein rascher und steiler Anstieg in Form eine V-förmigen Verlaufs folgt. Häufig ist dabei jedoch ein asymmetrischer Verlauf typisch, bei dem es steil bergab und nur langsamer wieder aufwärts geht.

### Vakzine

Vom lat. Vaccinus (von Kühen stammend) ist ein Impfstoff aus lebenden oder abgetöteten Krankheitserregern. Das Antigen kann als Impfstoff von einem einzigen Erreger stammen oder verschiedenen. Der Impfstoff dient zur Aktivierung des Immunsystems. Im Fall des C-Virus sind eine Vielzahl von Vakzinen in Entwicklung, Erprobung und Zulassung.

### Verschwörungserzählungen

Versuche, sozialpolitische Phänomene wie den C-Virus dadurch zu erklären, dass bestimmte Gruppen oder einzelne Mächtige am Eintreten des umstrittenen Ereignisses interessiert sind und konspirativ tätig wurden. Im Corona-Fall besonders die Diskussion um eine außer Kontrolle geratene neue Bio-Waffe.

### Viren

Viruskrankheiten verunsichern die Menschen. Die Viren sind darauf programmiert, ihr Erbgut in andere Zellen einzuschleusen, um sich so zu vermehren. Schafft der Körper es, die Eindringlinge abzuwehren, suchen die Erreger nach neuen Wegen, einen Wirt zu befallen. Sie mutieren und verändern sich stetig; der Körper kann darauf nur reagieren, indem er neue Abwehrmechanismen entwickelt, wobei die Viren immer einen Schritt voraus sind.

### Virologen
Virologen erforschen und klassifizieren Viren, deren Eigenschaften und Vermehrung sowie die Prävention und Behandlung von Virusinfektionen.

Sie haben durch die Regierungsberatung wichtigen Einfluss auf die staatlichen Regeln in der Pandemie erhalten.

### Vulnerable Gruppen
Vulnerable Gruppen sind Personenkreise, die aufgrund ihrer körperlichen, geistigen oder seelischen Konstitution oder aufgrund ihrer besonderen sozialen Situation verletzlich (vulnerabel) sind.

### WHO
Abk. für World Health Organization (Weltgesundheitsorganisation). Die WHO ist die Koordinationsbehörde der Vereinten Nationen für das internationale öffentliche Gesundheitswesen. Als Sonder-organisation der UNO sitzt sie in Genf. Sie zählt 194 Mitgliedsstaaten und wird mit Beiträgen und Spenden finanziert. (ca. 5,6 Mrd. US-$). Die WHO geriet in der C-Pandemie in die Kritik, weil zu spät und zu chinafreundlich agiert worden sei.

### Wuhan
Wuhan ist für chinesische Verhältnisse eine Unterprovinzstadt, liegt in der zentralchinesischen Provinz Hubei, hat über 11 Mio Einwohner und ist Handelszentrum am Jangtse- und Han-Fluss. Bis zum Ausbruch der

C-Epidemie war W. weltweit kaum bekannt. Als Ursprungsort der Weltkrise ist W. um seinen neuen Ruf als „Seuchenstadt" besorgt.

### Wutbürger

Bezeichnung für viele Menschen, die ihrer persönlichen Betroffenheit in Demonstrationen und Protestaktionen gegen für sie schwer akzeptierbare gesellschaftliche Entwicklungen Luft machen. Dazu gehören beispielsweise Protestierende gegen den Atomausstieg, den Bahnhof Stuttgart 21, die Migranten von 2015, die Wohnungsnot oder auch das Corona-Management u.a. Entwicklungen.

### Wiedereröffnung

Diskussion um das Wiederhochfahren der industriellen Aktivitäten, des Handels und aller Dienstleistungen sowie Kindergärten und Schulen inklusive des gesamten gesellschaftlichen Lebens. Es gibt deutschlandweit Vorgaben, aber keine verbindlichen Regelungen, ähnlich wie in der EU.

### Youtube

YT ist ein 2005 gegründetes Videoportal in den USA und seit 2006 eine Tochtergesellschaft von Google LLC, mit Sitz im kalifornischen San Bruno. Die Benutzer (Youtuber) können auf dem Portal kostenlos Videoclips ansehen, kommentieren und hochladen. YT. spielt eine wichtige Rolle beim viralen Verbreiten von Nachrichten und Meinungen, die nicht verifiziert oder von seriösen Quellen stammen.

**Xenophobie**
Vom griechischen Xenos für Fremder abgeleiteter Begriff der Fremdenangst und -feindlichkeit. X. widerspiegelt Haltungen, die Menschen aus anderen Kulturkreisen, Völkern und Regionen ablehnen und oft für negative Entwicklungen verantwortlich machen, wie Pandemien. Ablehnung und Hass gründen auf religiösen, ökonomischen, kulturell-sozialen sowie sprachlichen Unterschieden. Asiatisch aussehende Menschen erfahren X. im Rahmen der C-Pandemie in besonderem Maße.

**Zoonosen**
Sammelbezeichnung für Infektionskrankheiten, die sowohl bei Tieren als auch Menschen vorkommen. Sie können vom Tier auf den Menschen und umgekehrt übertragen werden. Die ursprüngliche Ansteckung mit dem C-Virus soll auf einem Tiermarkt in Wuhan zurückgehen. Inzwischen gibt es viele Verschwörungstheorien über den Krankheitsursprung.

# Die Autoren

**Prof. Dr. Wolf D. Hartmann,**

internationale Innovations- und Umweltberatung, Wirtschaftsingenieurstudium an der TU Dresden, Promotion in Berlin und Habilitation an der TU Dresden. Hochschullehrer in Berlin, Bochum, Witten/Herdecke, Cottbus, Iserlohn sowie in Osteuropa und Zentralasien. Autor zahlreicher wissenschaftlicher, populärer und literarischer Publikationen, u.a. zur Managementkritik und nachhaltigen Innovationen. (www.wolf-d-hartmann.de), Mitglied der European Academy of Sciences and Arts.

**Prof. Dr. Walter Stock,** Internationale Wirtschafts- und Politikberatung. Studium der Wirtschaftswissenschaften in Berlin. Nach Promotion in Berlin sowie Habilitation an der TU Dresden Hochschullehrer in Berlin, Potsdam.

Umfangreiche Beratungstätigkeit für Bundes- und Landesministerien, insbesondere für Bundesfinanzministerium und Bundesministerium für Wirtschaftliche Zusammenarbeit. Breite Expertise in Fragen internationaler Wirtschafts- und Währungsentwicklungen, von EU-Integration und – Außenbeziehungen sowie zur Systemtransformation in Mittel- und Osteuropa, besonders Russland.

**Prof. Dr. Run Wang**, Hochschullehrer, Studium der Wirtschaftsgeografie an der Northwestern Universität in Xian, China. Promotion mit Unterstützung des DAAD an der Universität Gießen, Deutschland. Als Forschungsteamleiter und in leitender Position an einem Institut der Chinesischen Akademie der Wissenschaften in Xiamen tätig sowie an der Hubei Universität in Wuhan, China.

# Weitere Publikationen der Autoren

Zuletzt erschienen als Gemeinschaftspublikationen

**Corona-Krisenmanagement**- Globale Erfahrungen des Pandemiemanagements mit Bestpraktiken und Corona-Glossar, BoD
Norderstedt 2020

**Im Bann des Drachens**- Das westliche Ringen mit dem Aufstieg Chinas, (mit Wolfgang Maennig) Frankfurter Allgemeine Buch, Frankfurt/Main 2018

**Chinas neue Seidenstraße** Kooperation statt Isolation-Der Rollentausch im Welthandel, (mit Wolfgang Maennig und unter Mitarbeit von Nikolaus Egel) Frankfurter Allgemeine Buch, Frankfurt/Main 2017

# Quellenverzeichnis

[1] M. Linden u. a., The foreshadow of a second wave: An analysis of current COVID-19 fatalities in Germany, October 28, 2020, S. 7.

[2] Vgl. die Gemeinsame Erklärung der Präsidenten der führenden deutschen Wissenschaftsorganisationen „Coronavirus-Pandemie: Es ist ernst" (Deutsche Forschungsgemeinschaft, Fraunhofer-Gesellschaft, Helmholtz-Gemeinschaft, Leibniz-Gemeinschaft, Max-Planck-Gesellschaft, Nationale Akademie der Wissenschaften Leopoldina) vom 28.10.2020.

[3] Wolf D. Hartmann, W. Stock, R. Wang, CORONA-Krisenmanagement, BoD, Norderstedt, 2020, S. 43.

[4] Info zu Finanzhilfen einschließlich Staatsbeteiligungen wie bei Lufthansa siehe Glossar.

[5] Vgl. Thesenpapier zur Pandemie durch SARS-CoV-2/COVID-19, Datenbasis verbessern, Prävention gezielt weiterentwickeln, Bürgerrechte wahren, Köln, Berlin, Hamburg, Bremen, 5. April 2020.

[6] Ebenda.

[7] Frankfurter Allgemeine Zeitung, 24. Oktober 2020, S. 2; https://www.zeit.de/2020/33/corona-zweite-welle-eindaemmung-massnahmen-christian-drosten.html, Aufruf vom 27.10.2020.

[8] Mit Faxgerät und Kugelschreiber gewinnen wir nicht gegen Corona, htttps://www.tagesspiegel.de/politik/innovationsfeindliches.html, Aufruf vom 05.11.2020.

[9] Vgl. „Geldregen soll Klagen verhindern", Frankfurter Allgemeine Zeitung, 30. Oktober 2020, S. 19.

[10] Quelle: RKI, Epidemiologische Lage in Dt., lfd.

[11] Vgl. Neue Züricher Zeitung, 23.10.2020 https://www.nzz.ch/wissenschaft/coronavirus-wir-muessen-verstaerkt-nach superspreader-ereignissen-suchen.html, Aufruf vom 26.10.2020.

[12] Vgl. Frankfurter Allgemeine Zeitung, „Nachverfolgung in Trippelschritten", 22.Oktober 2020, S. 3.

[13] Vgl. Die Corona-Warn App: Wichtiges auf einen Blick, Flyer der Bundesregierung 2020.; ob die zum 25.11.2020 eingeführten neuen Funktionalitäten der App wie häufigere Risikoüberprüfung und eine Erinnerungsfunktion hier Abhilfe schaffen können, ist zu bezweifeln; vgl..https:/www.corona-warn.app/de/blog/2020-11-25-corona-warn-app-version-1-7; vgl. auch die Vielfalt verfügbarer digitaler Instrumente zur COVID-Verfolgung in. „Tracking and tracing COVID: Protecting privacy and data while using apps and biometrics", OECD, 2020.

[14] Experte wirft Politik vorhersehbares Versagen vor: "Alles (ist) versäumt worden, was irgendwie versäumt werden kann"; Interview mit dem Medizinstatistiker Gerd Antes, https://www.swr.de/swraktuell/baden-wuerttemberg/corona-interview.html, Aufruf vom 23.10.2020.

[15] Ebenda.

[16] Auch bedingt durch Mängel der Corona-App, vgl. in: https://www.heise.de/meinung/Alle-reden-von-Clustern-nur die Corona-App nicht, Aufruf vom 09.11.2020; zu möglichen Upgrades der App auch bei der Cluster-Erfassung vgl. https://netzpolitik.org/2020/corona-warn-app-die-upgrades-zur-digitalen-nachverfolgung.html, Aufruf vom 27.11.2020.

[17] „COVID-19: The engines of SARS-CoV-2 spread"; https://science.sciencemag.org/content/370/6515/406, referiert in https://www.heise.de/news/Corona-Pandemie-Wissenschaftler identifizieren drei Haupttreiber, 23.10.2020, Aufruf vom 25.10.2020.

[18] Ebenda.

[19] Ebenda.

[20] RKI, COVID-19-Lagebericht vom 20.10.2020, S.12 f.

[21] Frankfurter Allgemeine Zeitung, „Nur noch jeder dritte Platz im Zug ist besetzt", 26. Oktober 2020, S. 19; Frankfurter Allgemeine Zeitung, „Trotz Maske fahren weniger Leute mit Bus und Bahn", 29.Oktober 2020, S. 19.

[22] https://ww.zeit.de/wissen/gesundheit/2020-10/corona-lockdown.html, Aufruf vom 29.10.2020.

<sup></sup>

[23] Vgl. Müller-Jung, FAZ, 30.10.2020, S. 13; Kritik Gottschalk an Teststrategie, FAZ, 23.10.2020, S. 20.

[24] P. Bahners, FAZ, 30.10.2020, S. 13; „Kontrolle im privaten Bereich, ZeitOnline, 30.10.2020

[25] Evidenz- und Erfahrungsgewinn im weiteren Management der COVID-19-Pandemie berücksichtigen, Gemeinsames Positionspapier zur COVID-19-Pandemie, 29.Oktober 2019; vgl. auch „Gegensätzliche Corona-Strategie. Lockdown oder nicht? Ärzteverbände und Wissenschaftler auf Kollisionskurs", Frankfurter Allgemeine Zeitung, 30. Oktober 2020, S.10.

[26] https://www.n-tv.de/politik/Virologe-Kekule-beklagt-Giesskannenprinzip.html, Aufruf vom 03.11.2020.

[27] https://www.spektrum.de/news/wo-stecken-sich-bloss-alle-mit covid-19-an.html, Aufruf vom 29.10.2020.

[28] Vgl. "Die Stunde der Legislative", Frankfurter Allgemeine Zeitung, 21. Oktober 2020, S.11.

[29] Vgl. „Kritik an Spahn", Frankfurter Allgemeine Zeitung, 20. Oktober 2020, S. 2.

[30] Martin Kölling, Digitale Bildung, Online Schule der Nation, in: Handelsblatt Dossier, Coronomics-die Folgen der Pandemie, Düsseldorf 2020.

[31] Ebenda.

[32] Vgl. Digitale Ausstattung an deutschen Schulen unter EU-Durchschnitt, https:// www.zeit.de/digital/2020-11/digitalisierung-schulen-deutschland.html, Aufruf vom 14.11.2020.

[33] Vgl. "Virus-Föderalismus", Frankfurter Allgemeine Zeitung, 20. Oktober 2020, S. 8.

[34] Wolf D. Hartmann, W. Stock, Run Wang., Corona-Management, 2020, S. 52 f.

[35] Vgl. „Corona-Regeln werden willkürlich ausgelegt", Interview mit dem Mathematiker G. Antes, in: Berliner Abendblatt, 7. November 2020, S. 4.

[36] Vgl. Ebenda.

[37] Frankfurter Allgemeine Zeitung, 24.Oktober 2020, S.10.

[38] Vgl. WHO, Europe, Statement – COVID-19: taking stock and moving forward together, 29. October 2020.

<sup></sup>

³⁹ Vgl. zu dem erstaunlich niedrigem Infektionsgeschehen in Finnland in: „Orange-grüne CoV-Insel im roten Europa", news.ORF.at, 17.11.2020.

⁴⁰ Vgl. Corona-Management, a. a. O., S. 46 f.

⁴¹ „Herdenimmunität anzustreben ist ethisch nicht vertretbar", in: https://www.zeit.de/wissen/2020-10/anders-tegnell-corona-lage-schweden.html, Aufruf, 27.10.2020.

⁴² Ebenda.

⁴³ Ebenda.

⁴⁴ Vgl. https://www.n-tv.de/wissen/Drosten-erklaert-wie-es-weitergehen-koennte.html, Aufruf vom 03.11.2020; s. a. das Interview mit der Virologin Sandra Ciesek „Von der Herdenimmunität sind wir noch sehr weit entfernt", https://www.spektrum.de/news/von-der-herdenimmunitaet-sind-wir-noch-weit-entfernt.html, Aufruf vom 03.11.2020; s. a. die Stellungnahme der Gesellschaft für Virologie (GfV) gegen Umsetzung einer Strategie der Pandemiebekämpfung durch eine natürliche Durchseuchung großer Bevölkerungsteile mit dem Ziel der Herdenimmunität, Heidelberg, 19.Oktober 2020.

⁴⁵ Vgl. „Auf dem Weg in eine dunkle Zeit", Frankfurter Allgemeine Zeitung, 13. November 2020, S. 5.

⁴⁶ Quelle: WHO, situation reports, November 2020; ECDC, situation update on COVID-19

⁴⁷ Vgl. Xifan Yang, „Von Asien lernen", https://www.zeit.de/politik/2020-11/corona-massnahmen-asien-china.html, Aufruf vom 09.11.2020.

⁴⁸ „Im Zweifel lieber alle fünf Millionen Einwohner testen"; Frankfurter Allgemeine Zeitung, 27. Oktober 2020, S. 3.

⁴⁹https://www.handelsblatt.com/politik/international/pandemie-sechs-dinge-die-asien-bei-der-corona-bekaempfung-besser-macht/26604666.html?nlayer=Themen_11804704.

⁵⁰ Vgl. Xifan Yang, a. a. O.

⁵¹ Vgl. M. Rudyak u.a., Eindämmung statt Ausmerzung – warum den Europäern in Sachen Corona das Lernen von Ostasien so schwer fällt, https://www.nzz.ch/meinung/unterdrueckung-statt-ausmerzung.html, Aufruf vom 23.11.2020.

⁵² Ebenda, vgl. auch Vanessa Vu, „Verbohrt und arrogant", https://www.zeit.de/autoren/V/Vanessa_

Vu/index. Aufruf vom 15.11.2020.

[53] „Corona-Dämon in Flammen", Frankfurter Allgemeine Zeitung, 27. Oktober 2020, S.7.

[54] Vgl. Die Maßnahmen der Kommission zur Bewältigung der COVID-19-Pandemie in Schlüsselbereichen, Europäische Kommission, 28.Oktober 2020, S. 1f.; vgl. Council of the European Union; Presidency Report on the state of play of EU-coordination in response to the COVID-19 pandemic. Brussels, 12 November 2020.

[55] Vgl. Frankfurter Allgemeine Zeitung, 12. November 2020, S. 2.

[56] „Wenn die Ärzte alt oder emigriert sind", Frankfurter Allgemeine Zeitung, 29.Oktober 2020, S. 5.

[57] Vgl. Gesetz zur Verhütung und Bekämpfung von Infektionskrankheiten beim Menschen (Infektionsschutzgesetz – IfSG), §28a Besondere Schutzmaßnahmen zur Verhinderung der Verbreitung der Coronavirus-Krankheit-2019 (COVID-19).

[58] https://www.handelsblatt.com/downloads/26627528/5/beschlussvorlage2020-11-16.pdf, Aufruf vom 18.11.2020.

[59] Ebenda.

[60] https://www.kit.edu/kit/pi_2020_100_aerobuster-jagt-herumfliegende-corona-viren.php

[61] https://www.apotheke-adhoc.de/nachrichten/detail/coronavirus/russland-nach-sputnik-v-folgt-epivaccorona-zweiter-corona-impfstoff/
Aufruf vom 16.11. 2020.

[62] Zu Empfehlungen für eine Impfstrategie siehe „Positionspapier der STIKO, Leopoldina und des Deutschen Ethikrates zur Verteilung eines COVID-19-Impfstoffes", 09.11.2020

[63] https://www.handelsblatt.com/technik/forschung-innovation/us-konzern-corona-studie-impfstoff-von-moderna-soll-zu-94-5-prozent-wirksam-sein/26628404.html, Aufruf vom 16.11. 2020.

[64] Vgl. https://www.n-tv.de/wissen/Die-drei- Top-Impfstoffe-im- Vergleich.html, Aufruf vom 28.11.2020

65 https://www.handelsblatt.com/politik/deutschland/deutsch-lands-impfstrategie-wie-die-bundesregierung-die-bevoelke-rung-mit-einem-corona-impfstoff-versorgen                      -
will/26616802.html?ticket=ST-12642415-
Tbzzc7BtRZqrlkB6mwQB-ap4, Aufruf vom 16.11. 2020.
66 Vgl. Robert-Koch-Institut, Serologische Untersuchungen von Blutspenden auf Antikörper gegen SARS-CoV-2 (SeBluCo-Studie), Zwischenauswertung Datenstand, 05.11.2020.
67 Zu den Gefahren eines Impfstoff-Nationalismus vgl. „Auch mit einem Impfstoff bleibt noch viel zu tun",
https://www.spektrum.de/news/was-jetzt-getan-werden-muss-fuer-die Corona-Virus-Impfung.html, Aufruf 20.11.2020.
68 Vgl. zu den vielfältigen Problemen der Durchführung von Massenimpfungen der Bevölkerung in: „Wie impft man Milli-onen", Frankfurter Allgemeine Zeitung, 24. November 2020, S. 3.
69 Vgl. „Hybridunterricht ist eine Katastrophe",
https://www.zeit.de/gesellschaft/schule/2020-11/schulen-corona-pandemie.html, Aufruf vom 26.11.2020.
70 Vgl. auch die Corona-Kita-Studie des RKI mit dem Deut-schen Jugendinstitut (DJI) zur Rolle der Kindertagesbetreuung bei der Ausbreitung des Coronavirus, die auch noch nicht zu schlüssigen Ergebnissen gekommen ist; RKI, Sachstandsbe-richt, 27.10.2020.
71 https://www.handelsblatt.com/politik/international/-corona-news-erneuter-aufmarsch-in-leipzig-erwartet-ifo-chef-fuest-lockdown-ist-investition-in-wirtschaftliche-erho-lung/25471608.html, Aufruf vom 17.11.2020.
72 https://www.n-tv.de/politik/Ohne-neue-Massnahmen-droht-komplette-Schliessung-article22173651.html, Aufruf vom 17.11.2020.
73 Vgl.Considerations for school-related public health measures in the context of COVID-19", UNICEF, WHO, 14 September 2020.
74 Vgl. Dörte Winkler, Coronisiert? Lebensfreude statt Corona-Panik, Books on Demand, Norderstedt, 2020.

[75] https://www.handelsblatt.com/politik/deutschland/infekti-onsschutzgesetz-lockdown-paragraf-im-eildurchgang-be-schlossen-das-sorgt-fuer-unmut/26635596.html, Aufruf vom 19.11.2020.
[76] Ebenda.
[77] https://www.boell.de/de/leipziger-autoritarismus-studie, Aufruf vom 19.11.2020.
[78] Vgl. S. Contreras u.a., Towards A Long-Term Control of COVID-19 At Low Case Numbers, Göttingen, 23 November 2020.

**NOTIZEN**